Sunny文庫

229

無上菩提前行道

《大乘莊嚴經論》解說（中冊）

彌勒菩薩◎造頌

世親菩薩◎釋論

大唐天竺三藏波羅頗蜜多羅◎譯

金剛上師 卓格多傑◎傳講

《大乘莊嚴經論》解說（中冊）
無上菩提前行道

Contents

中冊　目次

《大乘莊嚴經論》第23講

　　彌勒菩薩接續開演下半部《大乘莊嚴經論》——《無上菩提正行道》。修無上菩提相應法最喫緊是淨信，所以彌勒菩薩先介紹信心——〈明信品〉。

　　信心依相狀及等級可分為二十六種；其中學人宜留意：正受信和似受信，前者是發自內心的真信，這是正信；相反，徒著重外表，行為似是佛教徒，彌勒菩薩評之為似受信。第二是他力信，例如受良師益友的善導，令其對佛法生起信心；但這只是粗信。自力信，由自己親身體驗過修行而對三寶產生確信，彌勒菩薩認為這是珍貴的細信。第三是不現前信，由於行為草率，內心浪蕩，修行容易遇上障礙，這叫不現前信。現前信是由自心之卓然精明，毅然剛烈，使得魔障不易近前，這是難得的現前信。

第四是遇上信心危機而不能解決，這叫有覆信；能勝進克服一切障礙的叫無覆信。第五是有相當福慧資糧為基礎的稱為有聚信。沒有足夠福慧資糧作為支援後盾的稱無聚信。最後，由於《大乘莊嚴經論‧明信品》屬於無上菩提相應法，所以大家要注意如何產生「相應信」；世親菩薩說要做到相應，必要具備恆行和恭敬行，然後數數修習；心不旁驚，萬年一念，要時刻扣緊真如無生、無我和二利圓滿之理來修行，方能得到相應信的真諦。

接著，彌勒菩薩開始說第五個經義——「譬如開篋義」，當中包括了下文由〈明信品〉至〈敬佛品〉等十四品。內容主要如世親菩薩所說「為令證得真實菩提分寶自覺證故」。意思是說：透過修行與無上正等菩提相應的法門來達致證真如、得菩提。再簡單來說，下半部的《大乘莊嚴經論》臚列出如何達致無上菩提的修行法門明細。世親菩薩很形象化地舉例說明「解文喻」和「開篋喻」兩者關係；前文〈菩提品〉就好像國王頒下詔令賞賜某功臣，臣子雖未即時領到賞賜，但深信稍後這些賞賜必會到手，因此很開心。下半部由〈明信品〉至〈敬佛品〉等十四品，就如臣子陸續收到國王賞賜禮物，陸續從寶篋裏撿出各種寶藏一樣。

丙五 證得無上菩提的相應法

丁一 前行

包括明信、述求、弘法、隨修和教授五品。

第十一 明信品

戊一 菩提因為明信 ：〈明信品〉

己一 總說

庚一 信之二十六種分類

彌勒菩薩以一頌總結全論前半部大乘道修行次第，後半部是修證無上菩提相應法。

一　初成勝皈依，種性發大心，
　　自他利真如，力成熟菩提。

我在前面分別講解了〈緣起品〉、〈成宗品〉、〈皈依品〉、〈種性品〉、〈發心品〉、〈二利品〉、〈真實

品〉、〈神通品〉、〈成熟品〉和〈菩提品〉。這是一條完整的大乘道次第。

本頌為唐譯本所無，唯依英譯梵文本補上。由〈緣起品〉至〈菩提品〉是成佛得菩提大致理路。後文由〈明信品〉至〈敬佛品〉是修證菩提相應法。這菩提相應法如依後文第十二〈述求品〉提出所完成相應法的五個範圍，「應知五學境，正法及正憶，心界有非有，第五說轉依」的分類：〈明信品〉、〈述求品〉、〈弘法品〉、〈隨修品〉和〈教授品〉是能持，〈業伴品〉、〈度攝品〉包括〈供養品〉和〈親近品〉的〈梵住品〉和〈覺分品〉這四品是所持；〈功德品〉講述由心界得定的是鏡像；〈行住品〉是明悟；〈敬佛品〉講述轉依。

二　已生及未生，正受及似受，
　　他力亦自力，有迷亦不迷，
　　現前不現前，聽法及求義，
　　觀察等十三，分別於信相。

信可分已生信，未生信；內心信，外表信；他力信，自力信；迷信，不迷信；現前信，不現前信；聞信；思信和修信等十三種相狀。

世親菩薩解釋說：「信相差別有十三種：一者已生信，謂過去現在信；二者未生信，謂未來信；三者正受信，謂內信；四者似受信，謂外信；五者他力信，謂粗信，由善友力生故；六者自力信，謂細信，由自力生故；七者有迷信，謂惡信，由顛倒故；八者不迷信，謂好信，由無倒故；九者現前信，謂近信，由無障故；十者不現前信，謂遠信，由有障故；十一者聽法信，謂聞信，由聞生故；十二者求義信，謂思信，由思生故；十三者觀察信，謂修信，由修生故。」正受信是發自內心的真信；相反，徒著重外表，表面行為似是佛教徒，這只是似受信。受善知識啟迪所生的信心是粗信，不太可靠；自己經歷修行上考驗而生起的淨信是細信，是很可靠的。克服了障礙而仍能保持純淨信心的是現前信；一遇障礙便失去信心的是不現前信。

接著彌勒菩薩介紹十三種不同修行階段的信心。

三　可奪間無間，有多亦有少，
　　有覆及無覆，相應不相應，
　　有聚亦無聚，極入亦遠入，
　　復此十三義，分別於信種。

信心可分成完全可被動搖的下品信心，間中動搖的中品信心和絕不動搖的上品信心；對佛有少信的小乘信，對佛有多信的大乘信；遇上障礙而不能勝進的有覆信心和能克服障礙並能勝進的無覆信心；因熟煉修行而得相應的信心和疏於修行而不相應的信心；因福慧資糧功德圓滿而登地的有聚信心，和功德未圓滿未能見道的無聚信心；初地至七地菩薩不會退轉的極入信心，和三淨地的菩薩能任運地住於無分別念之遠行信心。

　　由於〈明信品〉是菩提相應法，所以對相應信、不相應信的差異，其理應知！世親菩薩說：「八者相應信，謂熟修信；由恆行及恭敬行故。九者不相應信，謂不熟修信，由離前二行故。」由此可知，修行人欲與無上菩提相應，重點是恆常及虔敬地熟習修行。「恆」與「敬」，心不旁鶩，萬年一念與無生、無我和二利圓滿的真如理相應，便得相應信的真諦。

庚二　信之十六種障礙

　　接著，彌勒菩薩宣說信心的十六種障礙。

們的分別。應當了知大乘人的信心是最殊勝的，勇敢的菩薩應義無反顧選擇大乘淨信。

唐譯本沒有頌十一，依英譯梵文本添補上。這三頌很明顯是彌勒菩薩由淺入深，敘述欲界、上界天人、二乘人和大乘這四類人信心的特質；用以激發修行人選擇大乘的信心。釋尊和彌勒菩薩往往以苦口婆心的方式說法，說話時不厭其煩；但其親切處亦可見於反復叮嚀之處。而明友譯師或當時潤筆的文學士，可能覺得三句意義重覆而刪去。

世親菩薩批評欲界人的信心說：「譬如餓狗求食無厭，諸習欲人信亦復如是，於一切時種種信故。」欲界人學佛總是三心兩意，極為散亂；一時愛念佛，一時喜參禪；到頭來空度日夜，一事無成。而外道修習四禪亦只能「譬如盲龜水中藏六」。藏六就是收攝眼耳鼻舌身意六根；雖然這是修行人必經的修煉歷程，但以這種信心來學佛則略嫌局限，猶如坐井觀天，盲龜藏在深海不見天日，有何可取焉？所以世親菩薩批判說：「唯知修習世間定故！」對於二乘人的信念，世親菩薩這樣評論：「譬如賤奴畏主；勤作諸自利人信亦復如是，為怖生死勤方便故。」二乘人謹慎持戒，精勤修定，這是經嚴格修煉後成

就法器的必經階段。但他們賤奴畏主的奴隸性，令心靈不能自主，思想極易陷入死胡同；這類人安可繼承佛陀的偉大事業？最後，世親菩薩引領我們抉擇出大乘利他信念既珍貴且殊勝。「譬如大王自在詔敕，諸利他人信亦復如是，增上教化無休息故」。大乘菩薩的利他淨信如同國王，自身福慧圓滿並有群臣協助；能自在統治天下，作百姓怙主。而菩薩則恆作自利利他，二利圓滿，輪涅自在，普度眾生。所以世親菩薩盛讚大乘，勸所有眾生應生起大乘信。

庚二 教誡不要氣餒趣入大乘

辛一 不應氣餒趣入大乘

十二　人身及方處，時節皆無限；
　　　三因菩提得，勿起下劣心。

不應覺得無上菩提難證而氣餒，因為所有人最終必獲無上菩提，而且在未來際每分每秒，十方世界任何地方，都會有人獲證無上菩提。

世親菩薩解釋無上菩提有三因無限：「一者人身無

限，由人道眾生得無限故；二者方處無限，由十方世界得無限故；三者時節無限，由盡未來際剎那剎那得無限故。」意思是說：雖然修證大乘之路很難行，得到無上菩提很困難，但請不要灰心；不要氣餒！因為每一天都有人成佛；而事實上，所有人注定必會走上成佛之終點站。

辛二 得大福德故應歡喜趣入

十三　得福由施彼，非由自受用；

就好像食物，自己吃掉就沒有因布施而獲得的福德；但以食物布施給人，就能夠獲得福德一樣。

十四　依他說大乘，不依自義法。

同理，為他人演說正法是法施，會招感大福德；但若演說小乘自利法門則不得到利益，只有演說利他的大乘法門才獲善妙功德。

辛三 總結功德

十五　大法起大信，大信果有三：

信增及福增，得佛功德體。

若智者對大乘教法生起大信，便能得到三種果：其淨信會從此刻到成佛期間不斷增長，而且不斷地獲得廣大福德，最後必成就無上菩提。

修行人不能單憑對大乘深廣教法生起淨信，就以為能得無上菩提；更應該藉著對大乘深廣教法認真而去聞思修，方得定解。所以「無上菩提相應法」於明信後，就要實修；彌勒菩薩為求法而說〈述求品〉，為說法而說〈弘法品〉，為修法而說〈隨修品〉。

戊二 實修為求法、說法、修法

第十二　述求品

己一 求法：〈述求品〉

庚一 所求之法

辛一 尋求所說之教法

壬一 尋求之境——三藏聖教

一　三藏或二攝，成三有九因；
　　熏覺寂通故，解脫生死事。

　　無論是經、律、論三藏，抑或大乘菩薩藏、小乘聲聞藏；聖賢們都是基於九種原因來成立三藏。為甚麼我們要尋求三藏？因為只要透過聞思、止觀來熏、覺、寂、通三藏內容，就能解脫生死。

　　藏，梵語Piṭaka，有容器、籠的意思；世親菩薩說：「云何名藏？答由攝故；謂攝一切所應知義！」甚麼是三藏呢？世親菩薩說：「三藏謂修多羅藏、毗尼藏、阿毗曇藏。問云何成三？答成三有九因。」為甚麼往昔佛門聖賢要成立三藏呢？根據米滂仁波切說：「安立三藏之因，承許有九種；即觀待所斷安立三種，觀待所學安立三種，觀待所知安立三種。」往昔佛門賢聖各就所斷、所學和所知三個層次而成立三藏九種不同的內涵。

　　第一，就所斷而言，世親菩薩說：「立修多羅者，為對治疑惑。若人於義處處起疑，為令彼人得決定故。」例如人們不明蘊界處緣起無自性的道理，經藏就解釋如

此這般，讓人們了知真實的道理。又例如菩薩不明修持般若法門，釋尊爲釋二十七疑以明之。「立毗尼者，爲對治受用二邊，爲離樂行邊遮有過受用，爲離苦行邊聽無過受用」。所謂律藏，能遣除修行人於縱情享樂和苦行折磨兩邊的極端行爲。例如對在家修行人而言，他們對善妙受用如果沒貪愛和驕矜，這是沒有過患的；相反，縱使粗衣糲食，但內心仍有貪戀和怨懟，則便亦有過患。律藏就是要修行人斷除受用有罪過的資具而享用無罪過的資具。「立阿毗曇者，爲對治自心見取，不倒法相此能示故」。而論藏主要是對治那些未證謂證，執著我見的增上慢者；並爲抉擇出無錯謬的諸法自相、共相。

第二，就所學而言，世親菩薩說：「復次立修多羅者，爲說三學；立毗尼者，爲成戒學；立阿毗曇者，爲成慧學。」三學，指戒學、定學和慧學。戒學是指別解脫戒、攝善法戒和饒益有情戒。能奉持戒律，修行人就因無過無悔而次第得定。定學是指四禪八定和首楞嚴三昧。慧學是指抉擇諸法的自相與共相，從而獲得諸法實相的智慧。

第三，就所知而言，世親菩薩說：「復次立修多羅者，爲正說法及義；立毗尼者，謂成就法及義，由勤方便

便是修慧。「淨持意言境，了別義光已，安心唯有名」。
彌勒菩薩更進一步教導修行人如何達到諸法皆空的境界：
首先在加行位中忍位先後體認到能取、所取相空，在加行
位中世第一法同時確認到能取、所取的境與識空，這就是
「得二無二義」；當修行人現量體證到能取識、所取境同
時俱空，面前好像有貌似「真如」的東西亦不可得，所謂
「二亦不可得」，這時才是見諸法皆空。「佛説所緣法，
應知內外俱；得二無二義；二亦不可得」。

　　最後彌勒菩薩將大小乘修行時起心動念所有竅訣濃縮
為五頌，提出求法的十八種作意。這裡我要指出：小乘人
可以不修大乘法，但大乘菩薩一定要通曉小乘修法；因為
菩薩要救度一切眾生，所謂一切眾生當然包括小乘人；這
種思想是本論甚至是稍晚出現的《現觀莊嚴論》的特色。
關於大乘菩薩求法時十八種作意內容，我們可以從世親菩
薩《論釋》中一覽無遺，當中保留不少修行竅訣，例如依
定作意，世親菩薩提到有推度探求的尋伺是下劣作意；相
反，無尋伺例如三禪四禪就是圓滿的依定作意。據《六祖
壇經·唐朝徵詔品》，六祖就是以修行人這種求法時的依
定作意教導兩宮——武則天和唐中宗。事實上，即使只是
在這十八種作意中順拈一種，認真學習，如法起心動念，
也可窺一而知佛法全貌；況全習十八種作意耶！

四　罪、起、淨、出故，人、制、解、判故；
**　　四義復四義，是說毗尼義。**

　　律藏有二種四義，第一種是五種墮罪、犯戒原因、懺罪還淨和七種出離墮罪的方法。第二種是依犯罪人、提出制戒、解釋和簡易的戒律分類；判定誰得罪，誰不得罪。

　　世親菩薩說：「毗尼有二種四義：初四義者，一罪二起三淨四出……復四義者：一人二制三解四判。」首先是第一種四義，「罪者，罪自性，謂五聚罪」。五聚罪是指他勝、僧殘、粗罪、惡作和向彼悔等五種不同輕重的罪過。「起者，罪緣起，此有四種：一無知、二放逸、三煩惱疾利和四無恭敬心」。罪緣起即是犯戒成因。「淨者，罪還淨，由善心不由治罰」。以善念並通過後悔，發誓從此再不違犯。「出者，罪出離。此中七種：一者悔過，謂永遮相續」。在三位比丘前懺悔。「二者順教，謂與學羯磨治罰」。在布薩時向僧團請求受罰。「三者開許，謂先時已制後時更開」。放寬某些戒律條文。「四者更捨，謂僧和合與學者捨，是時先犯還得清淨」。由僧團一致通過廢除某些戒律條文，則違犯該條文的人便得赦罪離墮。「五者轉依，謂比丘，比丘尼男女轉根出不共罪」。由於

依定作意。七、依智作意。八、別緣作意。九、種種緣作意。十、通達作意。十一、修種作意。十二、道之自性作意。十三、功力作意。十四、領受作意。十五、方便作意。十六、自在作意。十七、小乘聲緣道作意。十八、大乘菩薩道作意。

作意是指認識心將起未起時的警覺及心起後的注意作用，簡稱爲「起心動念」。大小乘共有十八種作意。

第一種性作意：聲聞種性以四諦作意，緣覺種性以十二因緣作意，菩薩種性以二無我作意。

第二所作作意：所作是指所積累的福智；初地菩薩經歷一大阿僧祇劫積聚福德智慧資糧，稱爲所作作意。

第三依止作意：依止是指生活環境；在家人多爲世間瑣事煩擾，故稱爲有害依止作意；出家人相反，稱爲無害依止作業。

第四信安作意：念佛相應，自己安住於淨信。

第五欲生作意：世親菩薩解釋說：「隨念佛時信心相

應故。」意思是：對三寶功德生起信念，欲求生起三寶功德之願望。

第六依定作意：定的深淺視乎修行人在定中所起概念分別，所謂尋伺多少而定，例如下界如五趣雜居地和離生喜樂地，均是有尋有伺（註釋163），上界如三禪與四禪，為無尋無伺。愈少推度探求，身心愈安穩，禪定的階位愈高，所以初禪近分稱下劣依定作意，四禪稱圓滿依定作意。誠如六祖談論禪修心得時說：「欲知心要，但一切『善惡』都莫思量，自然得入清淨心體。」（註釋164）

第七依智作意：《論釋》云：「從聞思修方便次第主故。」意思是：由無垢聞慧、思慧而引致修證寂止和勝觀的瑜伽作意。

第八別緣作意：世親菩薩說：「此有五種，於修多羅、優陀那、伽陀、阿波陀那；一受二持三讀四思五說故。」十二部經中，修多羅即契經，優陀那即自說，伽陀即諷頌，阿波陀那即譬喻。對於契經、自說、諷頌和譬喻這四類經文領納在心，記令不忘，背誦得滾瓜爛熟，通曉內容及向別人詳細解釋（註釋165）；這五種作意就是別緣作意。

註釋

160. 見《增一阿含經・卷十八》。

161. 墮罪五篇：將比丘、比丘尼的別解脫戒分成五類：一斷頭，二僧殘，三墮，四向彼悔，五惡作。《翻譯名義集》將此五篇配五刑，五刑分別是：死、流放異地、拘禁服役、杖打、苔責。

162. 如云：「是故如來說一切法皆是佛法。」

163. 尋和伺都是心所作用，前者是粗淺的推度探求作用，後者比較深細；可是兩者由推度探求，皆令身心不能安住。所以下等的禪定是有尋伺，高等例如三及四禪則無尋無伺。

164. 「善惡」是指人我執取的分別念；本質是尋、伺；經文見曹溪原本《壇經・唐朝徵詔品》。

165. 《能斷金剛般若波羅蜜多經》常出現有關文句：「受、持、讀誦、究竟通利，及廣為他宣說開示。」這五種是持經方式。

166. 見羅時憲著《唯識方隅》1993年版第288頁。「見」一般是指以有分別智認識世俗的別相；而「智」是無分別認識勝義的總相。

167. 盡智，是二乘人斷除欲漏、有漏、無明漏等三界煩惱，自知「此是苦，我已知；此是集，我已斷；此是道，我已修；此是滅，我已證」。大乘人證悟空性後，永遠不在有漏界投生之智叫無生智。龍樹菩薩在《寶行王正論・正教

王品・頌八十六》認為，小乘的盡智所緣和大乘無生智所緣的本體，都是一樣。「於大乘無生，小乘說空滅；無生滅一體，自義莫違反」。詳見拙作《寶行王正論講義》第三十三講。

168. 掉舉時，以寂止相作意平息；昏沉時，以勉勵相激勵；平靜時，修不作行相令心不動安住。如無著菩薩《金剛般若論》解釋菩薩「應云何住、云何修行、云何攝伏其心」時說：「彼應住者，謂欲，願（得無上菩提）故；應修行者，謂相應三摩鉢帝故；應降伏心者，謂折伏散亂故。」又說：「若彼三摩鉢帝心散，制令還住也。」

應用思考問題

1. 世親菩薩在有關律藏頌四的註釋明確指出，罪可以還淨，可以出離。試依《論釋》詳言七種出離墮罪法。

2. 出離墮罪七法中第六實觀與第七性得，是大乘修行人必須具備的懺罪法門方便，試詳細說明。

3. 彌勒菩薩認為要將三藏十二部涉及的所緣境，換言之，即一切輪涅諸法，透過加行位的修行，例如在煖位和頂位觀所取空，在忍位時確認所取空，復觀能取空，乃至確認能取空，在世第一法時雙印二取空；這段是「得二無二」階段。而所謂「二亦不可得」時，便現證三藏十二部終極尋求的境界——真如。試依頌五詳細說明這道理。

4. 除了從三藏十二部經的所緣例如三種所緣，彌勒菩薩還分析能緣三藏十二部經的智，所謂聞思修都是先依「全無外境，唯有內識」，繼而遣除能取，諸法皆是由心所安立而達到以般若證悟真如。試依頌六至八解釋聞思修三智的特性。

5. 由於不同根器例如二乘與大乘的修行皆以三藏十二部作為求法的境，但他們各有自己人生觀、價值觀和不同修行訴求，所以彌勒菩薩便將大小乘瑜伽修行人，在不同階位下一共十八種作意，分別以五頌說明；而世親菩薩在《論釋》更一一詳解，試依頌八至十二列出十八種作意之名目及略義。

6. 從彌勒菩薩十八種作意及世親菩薩的解釋中，可以意會到彌勒菩薩在《現觀莊嚴論》依《般若經》將三乘修行次第系統地排列，細緻地敘述解釋。據云，玄奘法師到印度時尚未見《現觀莊嚴論》，但本論卻早已於唐高祖武德九年，公元618年奉朝廷詔譯出，可見《現觀莊嚴論》的零散內容早已在那爛陀寺僧眾修習之間廣泛流轉，世親菩薩信手拈來寫成《大乘莊嚴經論論釋》文字。例如第十一種修種作意中八忍法和八智法，又如三十七種修法在《現觀莊嚴論》中第二事之第四義均有講述。你能將十八種作意與《現觀莊嚴論》作一比較嗎？

7. 從依定作意將初禪近分稱為下劣依定作意，將四禪稱圓滿所依作意；而分別優劣是以尋伺——粗淺及深細的推度探求為準則；因為尋伺能令身心不能安住，所以影響入定。試依世親菩薩的《論釋》與《六祖壇經·唐朝徵詔品》說明。

8. 《能斷金剛般若波羅蜜多經》曾四次比較持經功德勝過任何形式的布施功德，而經中常提到如何持經，就是「若有於此法門，受、持、讀誦，究竟通利，及廣為他宣說開示」。經中這五個持經方法，就是本論求法十八作意中第八別緣作意，試依世親菩薩《論釋》詳述。

9. 世親菩薩以三自性來解釋種緣作意，試引世親菩薩《論釋》以對。

10. 佛教的精粹在於讓人了解自己身處的情況：苦、空、無常和無我，並透過四諦十六行相而見道。二乘見道在十八種作意中是通達作意，請依世親菩薩《論釋》詳解。

11. 修種作意是二乘人修行精華，亦是作為大乘菩薩自利利他必要修習的法門。試依《論釋》解釋十六剎那相見道和三十七菩提分法。

《大乘莊嚴經論》第26講

　　上堂介紹過依據由釋尊和聖人們留下的三藏十二部經作聞、思、修，是求取勝生安樂和定善解脫的方法。彌勒菩薩承襲《般若經》的說法：「佛所有言教都是佛內證空性或真如時所證之法。」見道的必要條件，是遣除我們在現象界心識活動時所產生的二取活動，尤其是避開在二取上的一切執著活動；這是彌勒五論中最精萃的教法之一。「佛說所緣法，應知內外俱；得二無二義；二亦不可得」。彌勒菩薩又將三藏十二部經內大小乘修行所有竅訣，依修行進程濃縮成在起心動念時要持守的十八種作意。當然我們最感興趣的是怎樣完成見道這個中段目標，亦即論文中有關得到「通達」的方法，例如通達作意、修種作意；尤其是修種作意，世親菩薩將往昔修習小乘的經驗心得，在《論釋》中將「聲聞乘十六剎那相見道」和

三十七種修種作意等見道時的口訣，發揮得淋漓盡致，屬稀有難遇的善說。

今堂彌勒菩薩在第十五種方便作意中，披露了祂所創立大乘瑜伽行派的修行見道的方法；尤其是當中第五種通達作意，更詳盡地將達成見道的修行，由「全無外境，唯有內識」開始，到「通達法界」所謂現證真如；整個過程中怎樣修止觀來見道的技巧詳細解釋，修行人應當珍惜。除此之外，彌勒、世親兩位菩薩更將大小乘見道的異同作出比較，提出大乘人應修二無我和大悲心。最後勉勵大乘修行人，大乘之路雖漫長又難走；但相對來說，菩薩由初地得十二種功德到第九地所得功德數目是十的五十九次方再乘以十倍，遑論到第十地所得功德，更是量過言思境界；便可得知修煉大乘所付出的努力必得豐盛回報。

今堂的重頭戲是彌勒菩薩將從三藏十二部經中尋求無上菩提，一轉成直接透過內證真如來求法。首先彌勒菩薩提出三自性——在世俗修行中可尋求得到的三種依據真如性質而訂定的真理標準。三自性分別是分別性真實、依他性真實和真實性真實；到玄奘法師分別譯爲遍計所執自性、依他起自性和圓成實自性。往昔釋尊爲大眾說四聖諦來解析宇宙萬象的四種真實：應知生命本質是苦，應斷

集苦之因，應修滅苦之道，應證苦滅的涅槃。而彌勒菩薩亦以三自性、三應、二淨來解釋大乘人如何證得離苦得樂的方法：第一、應知不能執由心識分別活動虛構出來的東西，例如我相、法相為實有；第二、應以「境識俱泯」的方法來斷絕於五根、五境和合時，於顯現的外境上成為迷亂所依的關係。第三、應通過二淨——修「離垢清淨」，令真如「本自清淨」的特性顯現。所謂「本自清淨」，是指佛內證真如境界時發現這是一個「無生」的境界；既然真如是無生法，所以一定未受過染污；因而推論到真如是本自清淨。「離垢清淨」，是指菩薩經三大阿僧祇劫修行，轉依成佛時，盡焚第八識內有漏雜染種子，剩下無漏種子現行，這時因佛的無垢清淨，便能融入本自清淨的真如，以真如為自性身。彌勒菩薩更以虛空自性清淨、純金自性無染、淨水自性清淨三個譬喻來形容真如「本自清淨」；又以虛空離開雲遮，純金離開蒙垢，淨水淨化著塵來形容真如「離垢清淨」！「離二及迷依，無說無戲論；三應及二淨，二淨三譬顯」。最後彌勒菩薩說：「就體用而言，真如為體猶如海水，現象為用猶如水波，存在著同體不離的非一非異關係！但為何眾生如斯愚笨，偏愛無中生有，由分別念所執出的實我實法；而對真如的『二無我』、『無生』、『二利純善』這些真實道理，卻棄之如敝履呢！」「法界與世間，未曾有少異；眾生癡盛故，著

無而棄有」！

第十二是自性作意：世親菩薩說：「自性作意者，此有二種，一奢摩他，二毗婆舍那；此二是道自性故。」意思是：修道的本質就是修持止和觀。

第十三是功力作意：「力有二種，一拔除熏習，二撥除相見。」前者是將往昔在身語意三門所造作過的不善業斷除，要透過通達二無我及以功力作意斷除；後者是指以我見爲中心的五種惡見——薩迦耶見、邊見、邪見、見取見、戒禁取見，透過通達人無我及以功力作意斷除。這種功力作意類似由止觀除去眾生的煩惱縛和相縛的力量。

第十四是領受作意：世親菩薩說：「領受作意者，諸佛菩薩教授所有法流悉受持故。」所謂「法流」，是指大乘菩薩所發的菩提心，這菩提心相續等持，就是法流。換言之，發了菩提心的修行人對佛菩薩所有教法都能領受。

第十五是方便作意：方便指方法；彌勒菩薩將瑜伽行派修行道——「定所行處」，由最初例如孩童啓蒙讀書識字開始，一直到自他成熟的無上菩提果爲止，共分五種方便；俾使修行人由聞慧開始至成熟修慧的方法，曉喻

修行人。世親菩薩云：「於定所行處方便有五；一解數方便。」第一、解數方便，是要求修行人對三藏十二部經例如《大般若經》一共十六會，六十卷，其中包括有四十二種法句（註釋169），先明瞭這些統計數據等內容。「二解具方便，具有二種；一分量具有所謂諸字（母），二非分量具所謂名句等。」三藏十二部經在印度由梵文作為「工具」。工具即是媒介的意思。根據玄奘法師在《大唐西域記・卷二》說，當時印度梵文字母有四十七個，有分量具，數量有限；但由這四十七個字母演變組成不同的單詞和句子，則可變得無限；這就是「非分量具」的意思。「三解分別方便；分別二種，一依名分別義，二依義分別名；非分別者字（母）也。」由字母組成單詞，由單詞組成句子；由詞和句子就能引發概念分別；單是字母不含二元分別。某件東西可以以單詞所謂名來表達，循名責實；例如這是瓶，瓶是腹大並能裝水的陶器，是依名分別義；相反，若見到一個腹大裝著水的陶器便稱它為瓶，不會稱之為筆；這就是依義分別名。「四解次第方便；謂先取名，後轉取義」。於世俗約定俗成後，由某名詞代表某件事物；當再遇見某件事物時，就以某名詞稱呼之，由此通達該事物的意義。由第一至第四種方便作意，都是修行人在資糧位因聞慧而了知求法的所緣境。

接著第五「解通達方便」，是從加行位、見道位來闡述如何以思、修二慧通達求法的所緣境。「五解通達方便；通達有十一種：一、通達客塵，二、通達境光，三、通達義不可得，四、通達不可得不可得」。由第一至第四這四個通達方便，是描述修行人修習四個加行位的情況。第一、所謂通達客塵，是指修行人在煖位時了知名和義都是互相為緣，然後由心來安立；丁點自性都欠奉，名與義都是外境，離心識無外境；而所謂客塵，即是外境。第二、當修行人到頂位時，察覺能取的心和所取的名義，都是心識活動時似有還無的顯現；猶如用力揉眼時出現重影一樣。這就是通達境光；光指顯現。第三、當修行人到了忍位時，確認到所取的色聲香味觸法六境都是空，都是不可得；這就是通達義不可得；所謂義是指境。第四、當修行人到了世第一法時，確認到能取的六識和所取的六境都是空，連這個丁點「不可得」的影像都不可得，就是通達不可得不可得。我們要留意的是，世親菩薩提到在四加行位中遣除能取、所取的內容步驟，和日後《攝大乘論》、《三十頌》及漢地《成唯識論》，都不盡相同；可視本論所說為彌勒菩薩最初為修行人所提供的早期教法。大家當以客觀謙厚的心處理這些往昔聖賢們所說的資料，不存在對錯，不過涉及後學是否具慧目及對應根器而矣。接著第五是見道位的「五通達法界」，當修行人盡遣能取、所

取，便能現證法身眞如（註釋170）。

　　彌勒菩薩依加行位、見道位，交代了前五種解通達方便後，再依修行人所證何種眞如理而說「六、通達人無我」和「七、通達法無我」。前者是指二乘人見道時，因現量證悟人無我（註釋171）而證預流果；後者指菩薩見道時不僅證悟人無我，且證悟五蘊亦如幻化，雖有顯現但無自性之法無我（註釋172）。接著，彌勒菩薩比較二乘人和菩薩見道時之高下賢劣而分「八、通達下劣心，九、通達高大心」。通達下劣心，是指聲聞四果及辟支佛的起心動念爲下劣，爲甚麼下劣呢？因爲他們僅求自利，亦未證法無我故。通達高大心，是指地上菩薩及諸佛的作意皆尊尚高貴；高大，是指大乘二利成熟以及圓滿證得二無我。餘下的方便作意分別是「十、通達所得法和十一、通達所立法」；這兩種方便作意都是描述地上菩薩的功德。前者是指初地菩薩有十二種功德，後者是指菩薩地地勝進，到第九地時功德數目大約是十的五十九次方再乘以十倍。到第十地功德數目更是「且說於此第十地，所得一切諸功德，量等超過言說境，非言說境微塵數」。（註釋173）

　　第十六種自在作意：世親菩薩說：「自在三種：一、

惑障極清淨，二、惑智二障極清淨，三、功德極清淨。」
自在作意有三種，惑障指煩惱障，智障指所知障。第一種
作意是因斷除障礙解脫的貪瞋癡煩惱而得的自在；令煩惱
障不復再生。聲聞乘、辟支佛果、地上菩薩和佛都同具這
種惑障極清淨自在作意。第二種作意是因斷除貪等煩惱及
障礙證悟一切相智的貪執二取為實有而得的自在；令煩惱
障和所知障不復再生；是大乘地上菩薩和佛才有的功德。
第三種功德極清淨，是指佛轉依時斷證功德圓滿，有十力
等極清淨的功德。

　　第十七種和第十八種分別是「小乘聲緣道作意」和
「大乘廣大菩薩道作意」。世親菩薩說：「小作意者，謂
初清淨；大作意者，謂後二清淨。」意思是說：小乘聲緣
道作意即是前述第一種惑障極清淨自在作意。大乘廣大菩
薩道作意，則指地上菩薩和佛都具有的惑智二障極清淨自
在作意，與及只有佛地才有的功德極清淨自在作意。

　　已敘述尋求聖教三藏經文所說之法，接著敘述尋求真
實義——修行上所證之法。

辛二 尋求所證之法

壬一 通過三自性尋求真如

十三　離二及迷依，無說無戲論，
　　　三應及二淨，二淨三譬顯。

　　就自身狀態來說，真實有三種特性；第一種：真實本來恆常離開能、所二取，但由能知的意識執二取為實，這是分別性真實。第二種：五根、五境活動顯現成表象，繼而被能知的心分別，成為迷亂所依，這是依他起真實。第三種是恆常無法用言語表達，遠離戲論分別活動的，是真實性真實。修行人應知第一種分別性真實，於二取所執之法，本不存在；第二種依他起真實上雖有顯現，但無自性；故應斷絕成為迷亂分別所依的關係。應淨除二取垢染，俾使第三種真實性真實本自清淨的特性顯現。而這二種清淨可以虛空、純金和清水作譬喻來說明。

　　彌勒菩薩認為修行人應以三自性來尋求真如。聲聞乘有四諦，即宇宙萬象的四種真實：苦應知，苦集應斷，當修滅苦之道，當證苦滅之涅槃。大乘有三自性：應知不能執由心識分別活動虛構出來的東西為實有；應通過「境識俱泯」，次第斷除五根、五境或心、心所活動時所顯現外境上能取、所取的二元建構；應通過離垢清淨令真如「本

自清淨」顯現。三自性縱是很龐大複雜的大乘教義，但總的來說，往昔聖賢們所說都是大同小異。（註釋174）世親菩薩在《論釋》說：「離二及迷依，無說無戲論者；此中應知，三性俱是眞實。」宇宙萬有的本質或本身的狀態有三種（註釋175）。「離二」是分別眞實性，「迷依」是依他起性眞實，「無說無戲論」是眞實性眞實自性；這三種都是眞實。「離二者，謂分別性眞實；由能取、所取畢竟無故」！並謂「初眞實應知」，意思是說：眞實恆常離開能取、所取，但由於人們能知之心對所知之境周遍計度，執爲實有；這個被執爲實有的東西，根本就不存在。傳統上常舉於黑夜見繩而執之爲蛇爲喻。修行人應知，蛇是由分別力虛構出來的；分別性眞實就是遍計所執自性。「迷依者，謂依他性眞實，由此起諸分別故」！又說：「第二眞實應斷！」依他的「他」謂眾緣；依他性眞實，指於五根、五境（註釋176）和合顯現成表象，再繼而被意識分別，故是迷亂所依。所以修行人應於根境和合二元性表象上，以「識境俱泯」的方法來斷除能取、所取的二元建構。斷除的方法在前文於四種加行位之「解通達方便」已評述。「無說無戲論者，謂眞實性眞實」。又說：「第三眞實應淨！」這裡所說的眞實性眞實，即是圓成實性，是三自性中的體，依他和遍計只是用；所以從狹義上可說圓成實自性指的是眞如。而眞如的特性是非心、心所

所行境，更非世間增上慢人的執取法所能導入。問題是修行人如何導入圓成實自性呢？世親菩薩提出「二淨」的方法：「二淨謂一者自性清淨，由本來清淨故；二者無垢清淨，由離客塵故。」世親菩薩宣稱以二淨導入圓成實自性，指的不單是離言真如，而是指佛轉依後，以「真如」作爲自性身的真如；而成就佛的自性身要倚靠兩種淨化：本來自性的清淨和斷除煩惱後的清淨。前者是自性清淨，後者是離垢清淨。所謂自性清淨，是指佛內證真如境界時，發現這是一個「無生」的境界；既然真如是無生法，自然本自清淨。離垢清淨，是指菩薩經三大阿僧祇劫修行，轉依成佛時，將第八識內有漏種子盡焚，剩下無漏種子現行；這時因佛的無垢清淨，所以便能融入本自清淨的真如，以真如爲自性身。世親菩薩又以空、金和水以作譬喻，說明本自清淨和離垢清淨。

世親菩薩說：「如此三譬，一則俱譬自性清淨，由空等非不自性清淨故。」意思是說：真如是無生法，既然無生，何來染污？所以本自清淨；就好像虛空本性清淨，純金本性無染，淨水本性清澈。「二則俱譬無垢清淨，由空等非不離客塵清淨故。」雖然真如本自清淨，但尚在輪迴的修行人，其心田內仍有不少煩惱障和所知障種子障礙他們轉迷成悟，就好像虛空雲遮、純金蒙垢、淨水著塵；所

以要透過修行來淨除二障，所謂「離垢清淨」，才能讓本自清淨的自性顯現。由此可見，依曹溪本《六祖壇經》所述，弘忍命弟子呈上得道偈，神秀禪師所呈著重的是「離垢清淨」，六祖慧能著重的只爲「本來清淨」。修行人要得無上菩提，二者皆不能偏廢。

十四　法界與世間，未曾有少異；
　　　　眾生痴盛故，著無而棄有！

事實上，真如與世間同體無異；但世人愚癡得將體用俱無的東西例如將我、法執爲實有；反將無生、無我之真實性真實棄如敝履。

世親菩薩解釋「法界與世間，未曾有少異」這句時說：「法性與諸法無差別。」法性，指本體界 —— 眞如；諸法，指現象界或世俗。一般就體用來說，眞如爲體，現象爲用；如水與波，存在著同體不離的關係。三自性中，遍計所執的東西例如實我、實法，體用俱無，但愚夫卻珍而重之；縱受煩惱縛、相縛而受盡貪、瞋、癡煎熬折磨，也甘之如飴；反之對無生、二無我、純善自他成熟這些宇宙實體，大用流行的金科玉律，卻棄之如敝履；所以聖人嘆息說：「眾生愚痴熾盛。」

註釋

169. 三藏十二部經中，每部經都有定型的法句，通稱法數，例如五蘊、二十空、三解脫門；大家熟悉的《大般若經》法句，便有四十二種法數。

170. 如本論〈發心品‧頌八〉云：「於法無分別，最上真智生。」

171. 人無我是指五蘊假合，名言安立謂之為人；於中無有一、常之主體。

172. 法無我是一切有為法皆因緣和合而有顯現，但實無自體。

173. 初地菩薩有哪十二種功德？其後菩薩每地有多少功德？詳見拙作《入中論講義》頁621至625。

174. 例如薩迦無著賢在他對本論的《論釋》裡，也引用無著菩薩《攝大乘論》這樣解釋：「云何於彼是遍計所執性？凡於無境而唯識上見作境者也。」「若謂何為依他起者？凡具阿賴耶識之種子，以非清淨之虛妄分所攝之識。」「若謂於彼云何圓成實性？凡於依他起性中本無境之性相者也。」這是無著菩薩根據彌勒菩薩以遣除能取、所取為中心的理論，以種子學說來解釋三自性。

175. 世親菩薩以「真實」作主詞，三種真實是賓語，可解讀為「真實各有三自性」！由此可見，這裡所謂的真實，不是離言的真如本體，而是對真如的增語，或拆解為在世俗中可從三自性的角度理解真如。

176. 「分別」這個詞在梵文可細分為兩層意義：parajbapti，指純由第六識以言語表達出來，屬於分別性真實，亦即遍計所執自性的範圍。而vijbapti是指在語言表達以前的直覺表象，即是由五根、五境依緣而起的依他起真實。如以黑夜見繩為蛇，蛇是意識分別出來，屬遍計所執；而繩是五根、五境依緣為分別前的表象，屬依他起真實。

應用思考問題

1. 眾生為煩惱縛、相縛；佛說可以透過修止觀得以解脫，所以修行的本質就是止觀。試依世親菩薩對第十二種「自性作意」的內涵說明之。

2. 方便作意是彌勒菩薩教修行人見道的方法代表之作，與釋尊教聲聞人修三十七菩提分法有同等分量，前者是大乘人所修，後者是聲聞人所修；請詳言兩者的細節。

3. 方便作意中的「解通達方便」，是彌勒菩薩直指見道的方法。雖然和日後無著菩薩、世親菩薩甚至中土《成唯識論》在加行位中遣除二取的方法，角度有不同，深淺亦有差異；但經後補佛簡單直指，輕輕一扶；修行人盡能領受往昔聖賢匠心獨運的善說；你能依《講義》文字和世親菩薩《論釋》大綱，詳細論述嗎？

4. 何謂「通達人無我」、「通達法無我」、「通達下劣心」和「通達高大心」？四者有何關係？請一一詳述。

5. 菩薩修行由初地得十二種功德到第十地得不可思議的功德，在數量和質量上都以幾何級數地地遞增；而「通達所得法」和「通達所立法」，前者就是論述初地菩薩十二種功德，後者就是菩薩地地勝進遞增功德。其中《入中論講義》論述最簡明，試詳細述之。

6. 我們生而受煩惱障、所知障纏縛，終身不得一刻安寧自在。要解脫自在，就要修習三種「自在作意」，試依世親

菩薩《論釋》說明。

7. 求法除以三藏十二部經作對境學習之外，還要冥證真如，所謂宇宙最終極的真理。依彌勒菩薩說，真如並非吾人心所行境；但為了言說方面，在世俗中亦可透過真如的三種真實來理解真如，所謂「離二及迷依，無說無戲論」，這就是指三自性；當時世親菩薩稱之為分別性真實、依他性真實和真實性真性；即後來玄奘三藏翻譯的遍計所執自性、依他起自性和圓成實自性。在大乘來說，三自性的分量可與聲聞四諦媲美。試就四諦和三自性覆及範圍和內容比較兩者異同。

8. 何謂「三應」？為何透過三應才可真正理解三自性？

9. 世親菩薩所指的第三種真實性真實，相當於圓成實自性；亦即狹義的真如。但如果世親菩薩指的是作為宇宙本體的真如的話，用一個本自清淨來形容就可以。所以我認為透過二淨來達到的真如，是指法身真如，亦即佛轉依後以真如為自性身的法身真如。而二淨有兩個導向，一是指無生的真如，這是本自清淨；二是二無我的離垢清淨，是菩薩歷三大阿僧祇劫遣除能取、所取，斷除二障習氣的四智；前者是法身真如的空分，後者是法身真如的智分。你能依這個方向詳述二淨這個能成就法身真如的法門嗎？

10. 彌勒菩薩以修復虛空雲遮、純金蒙垢、淨水著塵來譬喻離垢清淨，以虛空清淨、純金無染、淨水清澈來譬喻本來清

淨，你能依《論釋》詳述之？

11. 真如猶如海水，眾生各自攝藏萬法的種子猶如水波；水不離波。可惜眾生生命現象雖以真如為質料因，卻由以我見、無明為推動因，而生起種種體用俱無的我相、法相，所謂「著無」也。更甚者，人欲流行，追求物質享受日劇，於是眾生共業愈傾向遠離無生、無相和純善成熟二利的真實道理；此所謂「棄有」。眾生著無棄有的共業愈盛，去佛則愈遠矣。以前的修行人有修有證；現今的修行人無修更不肯學，徒重形式膚淺修行。你能依頌十四說明聖賢憂世的原因嗎？

《大乘莊嚴經論》第27講

　　上幾堂提到修行人要求取正法，便要先通達三藏聖教；由於去聖久遠，尤其佛教正值末法時期，智者應直接從三藏中找出聖教，並抉擇是否純正，合乎佛說，以便依教奉行，然後尋求三藏教法所討論的境界，以及應如何起心動念去依教修持；其中小乘三十七修種作意和彌勒菩薩所介紹的瑜伽行派，由啓蒙初學至通達見道的種種緣作意，更是此章節重中之重。

　　今堂開始介紹尋求所證之法；先介紹真如的特質：「離二及迷依，無說無戲論；三應及二淨，二淨三譬顯。」彌勒菩薩依《般若經》教理而提出三自性——在世俗修行中可尋求得到的、三種依據真如性質而訂定的真理標準。三自性分別是分別性真實、依他性真實和真實性真

實；到玄奘法師分別譯爲遍計所執自性、依他起自性和圓成實自性。往昔釋尊爲大眾說四聖諦來解析宇宙萬象的四種眞實：應知生命本質是苦，應斷集苦之因，應修滅苦之道，應證苦滅的涅槃。而彌勒菩薩亦以三自性、三應、二淨來解釋大乘人如何證得離苦得樂的方法：第一、應知不能執由心識分別活動虛構出來的東西，例如外境爲實有；第二、應以無漏無分別智「境識俱泯」的方法來斷絕於五根、五境和合時，在相顯下成爲凡夫迷亂所依的關係。第三、應通過二淨——修「離垢清淨」令眞如「本自清淨」的特性顯現。所謂「本自清淨」，是指佛內證眞如境界時，發現這是一個「無生」的境界；既然眞如是無生法，所以一定未受過染污；因而推論到眞如是本自清淨。「離垢清淨」，是指菩薩經三大阿僧祇劫修行，轉依成佛時盡焚第八識內有漏雜染種子，剩下無漏種子現行，這時因佛無垢清淨，便能融入本自清淨的眞如，以眞如爲自性身。彌勒菩薩更以虛空自性清淨、純金自性無染、淨水自性清淨三個譬喻來形容眞如「本自清淨」；又以虛空離開雲遮，純金離開蒙垢，淨水淨化著塵來形容眞如「離垢清淨」！由頌十五至頌三十，彌勒菩薩介紹了如幻化的現象界及告誡修行人在這迷亂世界中如何自處，如何保持清淨的方法；最後以世尊幻化八喻說明修行人應怎樣在認知心識活動去持守世尊的教法。活在如幻的現象界最怕是迷

亂，而迷亂是源於執著有漏心識活動時必然產生出顯相；而最諷刺的是，這世俗生命活動雖有種種相顯現，但竟是無自性；好像魔術表演中出現的鈔票，實際上只是道具而已。又好像我們每晚由意識所作美夢或是惡夢一場，唯一不同的是現在由各人的阿賴耶識作一場長達七、八十年的人生大夢。修行人如何可以在造夢時不迷亂，保持清醒呢？彌勒菩薩就提出「中道」的方法，「有邊爲遮立，無邊爲遮謗；退大趣小滅，遮彼亦如是」。尋求如幻的用意在於建立中道：一方面遣除遍計所執有邊的實我、實法；另一方面遣除在依他起中撥因果爲無的虛無主義。這樣修行人就能契入大乘中道：對輪迴不生怖畏，亦不執著趣求住於涅槃。而在彌勒菩薩另一部曠世著作《辨中邊論》，更詳盡介紹修行人如何游刃於如幻的世俗和如實的勝義境之間的關係：有漏的心、心所活動是存在的，但在這心識活動上生起實有的能取和所取都是無的，在這心識活動中只有空性存在。換言之，空性爲體，心識活動爲用；有虛妄心識活動就有空性。所以諸法不能執爲實無，亦不能執爲實有；因爲虛妄心識活動是存在的有，但在這心識活動上的能取和所取卻不存在無；於空性中有虛妄分別作用，從這些虛妄分別作用中又有空性本體互有。能了解「有、無及互有」這道理，就能契合中道的意思。「虛妄分別有，於此二都無，此中唯有空，於彼亦有此。故說一切

法，非空非不空，有無及有故，是則契中道」。

壬二 尋求如幻

十五　如彼起幻師，譬說虛分別，
　　　　如彼諸幻事，譬說二種迷。

　　就好像魔術師用咒術將木石變成馬和象一樣，木石是依他起真實，卻變成了迷亂的因；而觀眾的五根本來只見木石等五境的相狀，但迷亂的意識卻令他們見到馬和象；這就是分別性真實所指——迷執不存在的東西。

十六　如彼無體故，得入第一義；
　　　　如彼可得故，通達世諦實。

　　能夠明白在木石上根本沒有馬、象，這就是勝義諦；認為在木石上有馬、象，則是世俗諦。

　　誠如月稱菩薩說：「癡障性故名世俗，假法由彼現為諦；能仁說名世俗諦。」（註釋177）受咒力所障蔽而出現迷亂，令世俗人無論看到甚麼都變得真實，世尊稱這為世俗諦。相反，當修行人能以無分別智遣除能取、所

取，所謂識境俱泯的話，他就見道，現證眞如。凡愚於依他起上所顯境相執爲實我、實法者，都屬錯謬顚倒的遍計所執；智者能依「識境俱泯」，先後以世第一法這種最高的有漏智和見道時的無分別智，來遣除於依他起上出現二分的外境，就入圓成實性。世親菩薩更在《論釋》明確指出：「如彼謂幻者、幻事無有實體，此譬依他、分別二相亦無實體；由此道理即得通達第一義諦。」意思是說：作爲幻者如木石，幻事如馬象；前者是依緣而有，緣散即無；雖有假的作用而實無自性。後者是妄執分別而起，如空中華、石女兒，無體亦無用。若果能斷分別眞實性的執著和能知依他起眞實性都是無自性及顯相不可異分的話，就能領略勝義諦的境界，亦即圓成實自性。

十七　彼事無體故，即得眞實境；
　　　如是轉依故，即得眞實義。

　　如果知道在木石上根本沒有馬、象；這人便能眞正了知木石的相狀。如果第十地菩薩能盡遣第八識內二取之習氣，便能轉依成就佛果。

十八　迷因無體故，無迷自在行，
　　　倒因無體故，無倒自在轉。

如果於世間事物上不起迷亂執有實我、實法等外境，即能在正道上自在修行。如是地地勝進，這些沒有迷亂的菩薩聖賢就得轉依成就佛果。

十九　是事彼處有，彼有體亦無；
**　　　有體無有故，是故說是幻。**

這些幻變能夠有相狀顯現，不能說無；但幻變本身根本不存在，所以不能說有；這些非有非無、有用無體的東西；我們只好稱之為幻有。

這些有用而無體的幻有是依他起性，如果我們對幻有生起實我、實法的執著，就是遍計所執性。但在邏輯上，我們知道若然一件東西「有、無俱有」的話，根本就是矛盾（註釋178），而「非有非無」更是超乎想像；那麼「幻有」究竟是甚麼呢？

二十　無體非無體，非無體即體；
**　　　無體體無二，是故說是幻。**

說幻有雖無自性，但並非空無一物；另一方面，它因

為有幻現的相狀，所以並非甚麼都沒有；而幻有的意義是無體與體無二，因為體和無體都只是言說方便而已。

世親菩薩說：「『無體非無體，非無體即體』者：此顯幻事非有而有。何以故？非有者，彼幻事無體由無實體故；而有者，彼幻事非無體由像顯現故。」例如木石因眾緣和合而成，實無自性；但木石一方面卻有相狀顯現，隨著吾人心識而分別為淨染、有無。其實無論說「有無俱有」或「非有非無」，全都只是言說分別。所以米滂仁波切在他的《論釋》說：「於諸身幻化顯現上，有無二法於同一事物上無有差別，亦無相違；是現空雙運的。」

二十一　說有二種光，而無二光體；
　　　　是故說色等，有體即無體。

所有因緣所生法都因相狀顯現才出現能、所二取，但這些顯現實際上沒有實體可得；所以說例如色等因緣所生法可以說是有無並存，不存在矛盾。

世親菩薩在《論釋》說：「說有二種光，而無二光體者，此顯虛妄分別有而非有。何以故？有者，彼二光顯現故；非有者，彼實體不可得故。」意思是說：心識活動有

種種相狀顯現，這在世俗來說是有的；但實際上又找不到這些顯現背後有任何實體。例如造夢，造夢這活動是有的，但夢中出現種種境像卻完全是沒有的。所以瑜伽行派認為色法這種依他起性，本身雖有但假，並將色法稱為和合假；就如世親菩薩云：「故說色等有體即是無體。」

二十二　無體非無體，非無體即體；
**　　　　是故說色等，無體體無二。**

所以，對於物質東西而言，不能說是有或非有；而是有和非有二者合理地在某一東西中和合並存。

質疑：彌勒菩薩在「尋求如幻」的開示中，希望我們領略什麼道理？

解惑：彌勒菩薩希望我們領悟現象界雖有種種顯現，但在這個顯現中卻不能二分成能取、所取，更不能在二取上執有實的外境出現；冀望我們遠離有、無二邊，契入中道。

二十三　有邊為遮立，無邊為遮謗；
**　　　　退大趣小滅，遮彼亦如是。**

尋求如幻的用意在於建立中道：一面遣除遍計所執有邊的實我、實法；一面遣除謗亂依他起中撥因果為無的虛無思想。這樣修行人就能契入大乘中道：對輪迴不生怖畏，亦不執著趣求於涅槃。

世親菩薩在《論釋》說：「問：云何遮有邊？答：有邊為遮立。此明由於無體，知無體故，不應安立有。」意思是說：在心識活動中好像有我、法或能、所二相；其實是遍計所執作祟，這二取及迷因──顯相，其實是無自性；凡夫習慣以為其中有實我、實法，這只是心識錯謬，出現問題而已。「問：云何遮無邊？答：無邊為遮謗。此明由於有體，知世諦故；不應非謗無。」在現象界中，諸法雖無自性，但緣聚則有作用生起，所以世俗諦雖假，但不能說為無；誠如彌勒菩薩云：「虛妄分別有。」雖則有漏的心、心所活動是條件性地存在的；「此中唯有空」（註釋179），但在這心識活動中只有空性存在。「問：云何遮趣小乘寂滅？答：退大趣小滅，遮彼亦如是；此明由彼二無別故。」由於了知諸法雖有相顯現，例如生死與涅槃，但皆無自性，更不能割裂為生命這一面是生死，另一面是涅槃；生命本身猶如幻化。所以大乘菩薩無住涅槃；對生死輪迴不生怖畏，亦不執著住於涅槃，由此而遠

離二邊。

二十四　色識為迷因，識識為迷體；
　　　　色識因無故，識識體亦無。

迷亂的原因其實是誤認心識以外有真實的色境，而迷亂的自體就是心法。若無色法根境之因，心法亦不能成立。

世親菩薩說：「色識為迷因，識識為迷體者，彼所迷境名色識；彼能迷體名非色識。」色境先被根識——前五根認識，然後意識再去認識這個色境；非色識，指意識；（註釋180）色識，指根識包括外境和五根，都是物質現象；由於意識在認識中有迷亂，故根識現為迷亂之因。「色識無體故，識識體亦無者，色識無故非色識亦無。何以故？由因無故彼果亦無。」意思是說：如果意識在認識過程中沒有錯謬的話，例如沒有我執、法執，根識就能以現量認識外境，意識亦隨之能正確認識外境；外境其實是甚麼？無自性、不可取、無形相的空性！「虛妄分別有……，此中唯有空」。真如為體，諸法為用；真如無自性，諸法一切心識活動皆無自性，所以能證二無我，就能體證勝義諦。

質疑：心識活動既無自性，爲何有二取顯現？現實中確見有能取的心法和所取的色法。

解惑：事實上，雖然二取幻像不存在，但由於心迷故，在現實中會見到二取幻像，就好像目翳者見有毛髮；面前實無毛髮，但目翳者確見毛髮。

彌勒菩薩再以魔術師將土石變現爲幻象，瑜伽士修骨鎖觀成就後，確見路人現爲骨鎖爲例說明這個道理：

二十五　幻象及取幻，迷故說有二；
　　　　如是無彼二，而有二可得。

由於幻者受魔術師咒語迷惑，所見不再是土石而是幻化出來的大象，而是有所取的象身和能取的幻者心識。換言之，象身和幻者心識這二取雖無，但這虛妄心識活動在世俗上卻有。

世親菩薩說：「如是無彼二，而有二可得者，彼二雖無而二可得，由迷顯現故！」雖然象身和幻者心識這二取都不存在，但迷亂的心識卻見到它們存在；就好像南柯一

夢，夢中人和事都不存在，但造夢這件事是存在一樣。誠如彌勒菩薩說：「虛幻分別有，於此二都無。」能、所二取雖無，但世間虛妄心識活動卻有。彌勒菩薩再舉一例：

二十六　骨像及取骨，觀故亦說二，
　　　　無二而說二，可得亦如是。

當瑜伽士修成骨鎖觀時，見整個城鎮的人都成骨鎖；雖然瑜伽士不執著有取骨者和骨鎖，但產生可得二取的心識活動，例如修骨鎖觀是有的。

綜合上述兩個例證，所謂修行就是在心識活動中去除對二取的執著，與及將顯相二分；簡略言之，於依他起性上去除遍計所執性，或者確證遍計所執不存在；當下就能體證圓成實性。

二十七　應知所治體，謂彼法迷相；
　　　　如是體無體，有、非有如幻！

如是依他起的土石或城鎮行人，所顯現出的或染或淨相都是幻有；無所謂有實體或無實體，有或非有；而這時心識活動是迷是悟，只視乎修行人能否遠離遍計所執。

世親菩薩說：「如是體說有者，由虛妄分別故；說非有者，由能取所取二體與非體無別故。如是有亦如幻，無亦如幻；說此相如幻。」意思是說：屬依他起的心識活動是有，這個有不是實有，而是幻有；而從心識活動中的顯相中二分為能取、所取例如人我、法我或主體、客體卻丁點不存在，所以佛曾說筏喻法門：「諸有智者法尚應斷，何況非法！」（註釋181）

二十八　應知能治體，念處等諸法，
　　　　如是體無相，如幻亦如是。

佛所教授對治煩惱的教法，例如四念住，所顯現的亦是無自性的幻相。

佛在《能斷金剛般若波羅蜜多經》指示在生死輪迴中的修行人，如何修持及為人說法才能無垢自在時說：「諸和合所為，如星、翳、燈、幻，露、泡、夢、電、雲，應作如是觀。」（註釋182）修行人要觀人生如幻化，如朝露；亦要知道自己聞思修的教法亦是如幻似化。

質疑：如果能使信眾解脫的教法亦是幻有不實，那又

怎樣對治生死輪迴呢？

二十九　譬如強幻王，令餘幻王退；
**　　　　如是清淨法，能令染法盡。**

如弱小的幻王會被另一個較強大的幻王擊敗一樣；所以欲得解脫的佛子對任何對治煩惱的教法，是不會生起我慢的。

誠如世親菩薩說：「如彼強力幻王能令餘幻王退；菩薩亦爾、知法如幻，能以淨法對治染法；是故無慢。」生死輪迴的有漏生命是弱小的幻王，當修行人隨順大悲心、菩提心和無漏智修行，這種修行便產生強大對治力量，將有漏轉變成無漏。因為菩薩們都深明此道，所以勤修對治煩惱法門，從不生起我慢。

接著彌勒菩薩將釋尊曾說過有關幻境的八個譬喻：如幻、如夢、如陽焰、如像、如影、如響、如水月和如化，與各種生命現象聯結起來。

三十　如幻至如化，次第譬諸行；
**　　　　二六二二六，一一一有三。**

佛多次說有為法例如內六處如幻，外六處如夢，此所謂「二六」；又例如心和心所二法如陽焰，內外兩種六處分別如像、如影，此所謂「二二六」。又例如世尊在塵世示現說法、三昧和投生三者，此謂「一一一有三」，可以迴響、水中月和隨欲幻生作譬喻。

　　世親菩薩詳細解釋世尊以八種譬喻說明世俗如幻的道理：「幻譬內六入，無有我等體；但光顯現故。」內六入即六根，為六種感官所依，但在內六入中找不到有我，雖似有我相生起：例如我能看境像生起，但實無我；故如幻。「夢譬外六入，所受用塵體無有故」。在夢中見自己受用色聲香味觸法，但實無外境存在。「焰譬心及心數二法，由起迷故」。由於心及心所活動生起種種可貪情境如渴鹿追隨陽焰；眼前似有水草，但只不過是空氣中水份折射，最終口渴的鹿群追逐根本不存在的水草致體力透支而亡。彌勒菩薩又以照鏡為喻，說明十二緣起中「六入」的過程都是幻化。「像復譬內六入，由是宿業像故；影復譬外六入，由是內入影內入增上起故」。世親菩薩用了種子學說，來解釋生命現象中整個六入過程中內六入如影，外六入如像。在鏡面上出現自己的身像，這個身像是過去世內六處熏入業種子而顯現。而外六處顯現的影，亦是阿賴

耶所攝藏往昔內六處種子起現行，復熏入阿賴耶攝藏，待眾緣又再起現行。最後三個譬喻是對應化身佛說法、三昧和受生。「響譬所說法，法如響故。水月譬依定法，定則如水，法則如月，由彼澄靜法顯現故。化譬菩薩故意受生，不染一切所作事故」。佛所說法之聲如空谷回音，雖無自性但有聲可聞；諸佛與眷屬為利益有情，常入首楞嚴三昧，共變出幻境，攝受有情；（註釋183）這時佛法身如月，住於三昧；而有緣眾生見化佛事業如水中月。此外，諸佛為救度有情而入世間，能生死清淨無垢，故以奇妙化生來譬喻佛度生事業。

註釋

177. 《入中論・現前地》。

178. 在邏輯推理上有矛盾，確是犯上過失；但這裡所指例如某東西具「有、無俱有」、「非有非無」的特性，我們說為辯證上矛盾，是無過失的；例如說人多活一天，那麼他步向死亡便近一點，俗語所謂方生方死；這卻是事實，並無矛盾的。

179. 《辨中邊論・辨相品・頌一》。

180. 意根不是色法，而是心法。

181. 見《能斷金剛般若波羅蜜多經》。

182. 「應以正智對世間依緣而生起的東西作如是觀；觀心識活動如星，觀境相如瞖，觀報識如燈，觀居處如幻，觀身如露滴，觀受用如泡，觀過去如夢，觀現在如電，觀未來如雲。」

183. 見本論前〈神通品・頌六〉。

應用思考問題

1. 彌勒菩薩依三自性說明世俗有為法的虛假，木石是迷因，觀眾迷執見為馬、象；但兩種在迷謬程度上有很大差異。試依頌十五說明。

2. 能於依他起自性遣除遍計所執，就能通達勝義境界，所謂圓成實自性。試依頌十六、十七和十八說明。

3. 彌勒菩薩在尋求如幻的章節中，花了很大心血來描述「幻有」。試依頌十九和二十說明。

4. 頌二十一及二十二主要論述物質世界所謂「色」，在「幻有」現象界中的特點，試列舉「色」的特性。

5. 彌勒菩薩由頌十五至頌二十二這八頌中，開示了「幻有」境界，其實主要是要修行人遠離有、無二邊，契入中道；所謂「有邊為遮立，無邊為遮謗」。試依頌二十三說明如何方是契入中道。

6. 何謂色識，何謂識識；何者為根識，何者為意根；二者有何關係？試依頌二十四說明。

7. 雖然患飛蚊症者眼前確實沒有飛蚊，但目翳者確有見飛蚊的心識活動，這就是「虛妄分別有，於此二都無」所要闡釋的道理。由於心迷，才見到二取幻像，試依頌二十五說明。

8. 所謂修行，就是要在心識活動中去除對二取的執著，並知道顯相不可二分；進一步更以世第一法等四種世間智「盡

泯境識」。簡言之，就是先做到人無我，後做到法無我。試依頌二十六説明修行骨鎖觀成就時，瑜伽士雖不執著骨鎖實有，但畢竟心識活動是有，最後要以無分別智「盡泯境識」。

9.　佛在《能斷金剛般若波羅蜜多經》強調：「諸有智者法尚應斷，何況非法！」而彌勒菩薩亦説：「應知能治體，如幻亦如是！」事實上，修骨鎖不淨觀、四念處這些對治煩惱的法門，假使執著有能對治的修行人、所對治的煩惱，亦是不善取，不可能見道。試依頌二十七、二十八説明。

10.　世俗修行，在未見道，無分別無漏智未生起前，任何對治煩惱的法門都是幻有不實。那麼修行人為何終能對治煩惱，將內心由有漏轉成無漏呢？試依頌二十九説明。

11.　彌勒菩薩和世親菩薩分別以八種心境活動來解釋佛指出有關幻境八喻，試依頌三十及《論釋》詳述之。

《大乘莊嚴經論》第28講

　　上幾堂提到彌勒菩薩探討眞實的方法——三自性，這種本來用於解釋《般若經》，但後來發展成瑜伽行派獨有的修行教示——「離二及迷依，無說無戲論」，世親菩薩在本論論釋說：「此中應知，三性俱是眞實；離二者，謂分別性眞實，由能取所取畢竟無故。迷依者，謂依他性眞實，由此起諸分別故。無說無戲論者，謂眞實性眞實。」而彌勒菩薩在《辨中邊論・辨眞實品・頌三》中更認眞確切地要求修行人要了知三自性內容：「許於三自性；唯一常非有，一有而不眞，一有無眞實。」世親菩薩解釋說：「即於如是三自性中，遍計所執相常非有，唯『常非有』於此性中許爲眞實，無顛倒故。依他起相有而不眞，唯『有非眞』於依他起許爲眞實，有亂性故。圓成實相亦有非有，『唯有非有』於此性中許爲眞實，有空性故。」簡

略地說：凡夫所認識的外境由於是錯亂的認識，所以必定恆常非有；由於虛妄分別似有顯現，故此第八識所顯之世界和根身都是幻有，依他起「有非真」，亦是迷亂之因；知虛妄分別所顯現之外境的非有性；這就是圓成實。在聞思〈述求品〉時，〈辨真實品〉這一頌會提供幫助。從三自性學說的啟示：我們知道心識活動這種依他起性——包括這個人生、世界、山河大地，總之一切有為法都是幻化，充滿矛盾；凡夫就如瞎子被遺棄在廣大的原野，陷迷魂陣，稍不留神，就吃盡苦頭；幸好彌勒菩薩教導我們行乎中道——一方面遣除遍計所執有邊的實我、實法；另一方面遣除謗亂依他起中撥無因果之虛無思想。「有邊為遮立，無邊為遮謗」。中道就成為身處輪迴界中修行的金科玉律。彌勒菩薩更以種子學說教導我們行善三部曲：以善行去除惡行；繼而以無漏善行代替有漏善行；如此我執種子就日漸消弱，而第八識所攝持的盡是漸成勢力強大的無漏善種子，到最後「盡泯境識，體證真如」，便是見道和轉依的境界。這就是依瑜伽行派修持的方法。「譬如強幻王，令餘幻王退；如是清淨法，能令染法盡」。

今堂彌勒菩薩先介紹四類智：世間凡夫「非真」的分別智和加行位修行人「似真」的分別智；前者不隨順二無我理，後者因「有所得故」，例如執著真如為追求目標而

未能證真如。出世間的無漏無分別根本智和因為弘法利世而使用的無漏有分別後得智；前者是「真智」，後者因有分別故「似不真」，但都是無漏的真智。「不真及似真，真及似不真；如是四種智，能知一切境」。所謂一切境，涵蓋了世間和出世間的境界。

接著，彌勒菩薩指出生命如何陷入雜染的原因和退出還淨的方法。由於心識活動有種種相顯現，未經修煉的凡夫在無明貪執推動下，對所顯相生起種種能取、所取的分別念，甚至執有實我、實法；這便是生命陷入雜染的原因。若修行人勤修止觀，便能如以水浸軟皮革，以火將彎曲的箭桿烤直一樣，修行人的生命得以淨化。「得彼三緣已，自界處應學；如是二光滅，譬如調箭皮」。

既知道要透過止觀才能淨化生命，修行人如何入手呢？在資糧位要勤力積習無量福慧資糧，到了加行位便開始修煖智中「全無外境，唯有內識」的道理，所謂尋求唯識。彌勒菩薩說：「當心識活動顯現出種種相狀，這種顯現相雖有，但除了這顯現是存在外，在這顯現上根本就沒有實我、實法存在。」「種種心光起，如是種種相；光體非體故，不得彼法實」。

為了鞏固「全無外境，唯有內識」的說法，彌勒菩薩將所知法分成所相——五位；和能相——三自性。彌勒菩薩首先藉五位涵蓋一切法，而五位中，內識——心法能統攝一切法，如藕益法師在《大乘百法明門論直解》說：「心所有法，即與此心相應，故不離心也。色法，即是心及心所二者所現之影，故不離心及心所也。不相應行，即是依於心、心所、色三者之分位差別而假立；故不離心、心所、色也。無為法，即是心、心所、色、不相應行——四有為法所顯示故，亦與四有為法不一不異也。」而最精彩的自然是由頌三十八至四十一，這四頌分別將分別相、依他相和真實相這三種真實的特性一一說出。

壬三　尋求能知智

三十一　不真及似真，真及似不真；
　　　　　　如是四種智，能知一切境。

　　有四種智能知一切境：世間有漏的不真分別智和非真非不真分別智；出世間無漏的無分別智和非分別非不分別的後得智。

　　世親菩薩說：「不真謂不真分別智，由不隨順出世智

分別故。」由於不依從出世解脫的方向，是世間凡夫一般有漏有能、所二元概念的世智。「似眞謂非眞非不眞分別智」。這是世間初基修行人由聞思佛理開始，彼時智慧仍屬非眞；到修至四禪進入加行位煖、頂、忍、世第一法時，因依從眞如理例如二無我、無生和二利純善的特性，而且世第一法是出世間無漏無分別智的因，所以非不眞。「眞謂出世無分別智，證眞如故」。是指證眞如時的無漏無分別根本智，遣除能取、所取的分別念。「似不眞謂非分別非不分別智，即出世後得世智故」。這即是無漏無分別後得智，說後得智非分別，因爲它是無能取、所取；說後得智非不分別，因它能分別諸法自相總相皆如幻化如陽焰。「如是四種智能知一切境者，由此四智具足知一切境界」。這能知的四種世、出世的有漏、無漏智涵蓋萬有，包括本體和現象的一切境界。

壬四 尋求染淨

三十二　自界及二光，痴共諸惑起；
　　　　如是諸分別，二實應遠離。

當阿賴耶識攝藏的種子起現行時，顯現出能、所二取，由無明及貪執的推動下，生起對能、所二取的分別

念，執有實我、實法；所以修行人應該遠離對能、所的執著。

　　世親菩薩說：「自界謂自阿梨耶識種子。」阿賴耶識攝持的種子有三類：能推動種子起現行的業種子，生起能取、所取的名言種子，和第六、第七識見分執我、我所所熏的我執種子。（註釋183）名言種子又分為表義名言和顯境名言。當種子待眾緣起現行時，就由顯境名言種子生起能、所二取，由表義名言種子起分別念。如果我們當時執有實我、實法，則隨順染污的生命延續；但若此刻能斷捨實我、實法，我執種子受到壓制對治，就能走向清淨解脫道。

三十三　　得彼三緣已，自界處應學，
　　　　　　如是二光滅，譬如調箭皮。

　　當阿賴耶識有漏業種子挾持顯境名言種子、表義名言種子起現行，無明又驅使我執種子混雜其中活動，這三緣齊集時，修行人應於此精神狀態下修習止和觀，就好像以水浸令皮革柔軟，以火將變曲之箭杆煅直一樣，如此修行人生命就得到淨化。

世親菩薩說：「自界謂自阿梨（賴）耶識種子，二光謂能取光、所取光；此等分別，由共無明及諸餘惑故得生起。」意思是說：染污的心識活動是由阿賴耶識攝藏的有漏業種子、名言種子和我執種子不斷透過現行、熏習而形成染污生命。又說：「處謂名處，此名處應安心。」名處，指在這種精神狀態下；應安心，指應集中心念。「應學謂修止觀二道。如是二光滅，譬如調箭皮者，謂分別二種光滅，譬如柔皮熟鞭令軟，亦如調箭端曲令直。轉依亦爾，若止若觀一一須修，得心慧二脫，則二光不起。如是清淨應求至得。」意思是說：於日常甚至煩惱生起時，修五停心觀對治貪欲、瞋恚、愚癡、我執和散亂。復修空觀住於真如無生、無我和二利純善殊勝義理。這樣修止觀，就好像以水浸軟皮革，以火燒煆箭杆令直一樣，可扭轉有漏生命；修行人修止到第四禪，並經煖、頂、忍、世第一法 —— 四種加行位修煉，使無漏種子起現行，即是見道登初地；再地地勝進修止觀，最後得心離貪愛的心解脫和以智慧觀照，遠離無明的慧解脫。

壬五 尋求唯識

三十四　能取及所取，此二唯心光；
　　　　貪光及信光，二光無二法。

諸法都是心識的平等呈現，再由人妄分能取、所取二相；離開心識根本沒有雜染的貪欲，也沒有清淨的信心。

　　繼尋求眞如，以及眞如和我們活著的世界之間的關係，例如如幻、能知智、染淨後；彌勒菩薩第五種所證之法是如何隨順眞如而能在世間修行；答案就是唯識。詳細點說，就是「全無外境，唯有內識」。彌勒菩薩認爲獨立於心識的外境根本不存在，所謂外境只是凡愚將心識活動時，有相的顯現割裂成能取、所取兩部分，並執以爲是實我、實法，這全屬心識錯亂的後果。世親菩薩說：「如是貪等煩惱光，及信等善法光；如是二光亦無染淨二法。何以故？不離心光別有貪等信等染淨法故。是故二光亦無二相。」意思是說：例如包括貪等煩惱的雜染法，或者包括信等清淨法，都是心的顯現，並無種種透過割裂、二分而有的差別相對立的染淨 —— 無二相。而爲了安立教法，方便修行；在這心識活動中安立有差別對待的貪、信等東西。而事實上，在所證法 —— 眞如內，根本沒有貪、信等染法、淨法的分別；而在現象界亦只有心識活動下不可割裂的相狀顯現。當然，作爲未見道的修行人，「初遮遣非福，中則遣除我，後遮一切見；知此爲智者」。（註釋184）嚴格地去除貪等惡法，繼而以無漏善代替有漏善的

修行次第，嚴格地按步就班修行，極之重要。

三十五　種種心光起，如是種種相；
　　　　光體非體故，不得彼法實。

當心識活動顯現出種種相狀時，這種顯現雖有，除了心自身顯現是存在外，在這顯相上根本就沒有實我、實法存在。

世親菩薩說：「種種心光即是種種事相；或異時起，或同時起。異時起者，謂貪光瞋光等；同時起者，謂信光進光等。」意思是：當心識活動在眾緣具備配合下顯現種種事相，有不同時間發生的，例如先起貪愛之心，後因求取不遂而起瞋心，因貪和瞋永不會同時間發生。（註釋185）修行人若生起淨信，就會發起精進，取善斷惡，這兩種心光便同時發生。又說：「如是染位心數，淨位心數；唯有光相而無光體，是故世尊不說彼為真實。」染位心數即煩惱心所，淨位心數即善心所；都屬依他起，雖存在但如幻如化，實無自性，並往往成為凡夫生起錯亂的迷因；聖人要求我們在煖、頂、忍、世第一法修行時，以世間最高有漏智對治之；見道後，以無漏智斷除之。

壬六 尋求體相

　　彌勒菩薩將一切法相分成所相——五位，包括心、心所、色、心不相應和無為法；和能相——三自性。彌勒菩薩先總說能所二相。

三十六　　所相及能相，如是相差別；
　　　　　為攝利眾生，諸佛開示現。

　　圓滿的諸佛為了利益有情，宣說所相例如五事，和能相例如三自性；讓他們清楚了解所知法及以假名成立的過程。

　　彌勒菩薩接下來解釋所相——五法。

三十七　　共及心及見，及位及不轉；
　　　　　略說所相五，廣說則無量。

　　所相大略包括色法、識法、心所法、心不相應行法和無為法。如果要詳加分述，所相的分類可以無法計算的。

　　世親菩薩說：「彼共者謂色法，心者謂識法；見者謂

心數法，位者謂不相應法，不轉者謂虛空等無爲法。」色法，指五根五境；識法，指八識；心數法，指五十一心所，所謂心理作用；不相應法，指二十四種依色、心等分位假立法（註釋186），和無爲法；這方面可詳閱世親菩薩的《百法明門論》這部唯識基本入門著作。

世親菩薩說：「已說所相諸相，次說能相諸相。」又說：「能相略說有三種：謂分別相，依他相、眞實相。」以下介紹分別相。

三十八　意言及習光，名義互光起；

三十九　非眞分別故，是名分別相。

當人接觸外境起心動念時，刺激潛藏在第八識內的顯境種子——習光；接著意識的想心所將所緣境上的像貌鉤攝過來，並以之爲增上緣，安立種種名言概念——意言；當想到這名相時，境相便在內心顯現——名義互光起；這時除混淆名相就是境相外，凡夫還不知道自己不是真正認識外境，以爲離識實有外境，其實完全是自己心識遍計出來。

世親菩薩以三個階段來解釋分別相：無覺分別相、有覺分別相和相因分別相。「覺」，在此解作粗淺的思想；相當於「尋」心所。無覺分別相，指「習光」；世親菩薩說：「習光者，習謂意言種子，光謂從彼種子直起義光，未能如是如是起意言解，此是無覺分別相。」意言種子，指名言種子中的顯境種子（註釋187），是前七識心、心所的見分，指當人接觸到外境，起心動念時，刺激到第八識內的顯境種子起現行，這時是沒有思想概念的階段。世親菩薩又說：「意言者謂義想。義即想境，想即心數。由此想於義能如是如是起意言解；此是有覺分別相。」意識的想心所將所緣境的像貌鉤攝過來，並以之爲增上緣，安立種種名言概念；這階段是有思想概念的「有覺分別相」。最後是「名義互光起」，世親菩薩解釋說：「謂依名起義，光依義起，名光境界，非眞；唯是分別世間。」我們一般說看到外境，其實是錯誤的說法；如果執著有一個實有的外境，更加荒謬。因爲我們想到這名相時，這境相便在內心顯現；這時除混淆了名相就是境相外，還不知道自己根本不是正在認識外境；而是認識到由自己心識的見分所認識的相分。所以分別相眞實的意思是：所有的外境都是自己心識遍計出來，是第一項眞理。

註釋

183. 見羅時憲先生著作《唯識方隅》頁一四一。

184. 見聖天菩薩《菩薩瑜伽行四百論・頌一九○》。

185. 如前論頌一二九云：「如現見痰病，膽病不俱起；如是現見瞋，與貪不俱起。」

186. 心不相應行法是依於色、心安立分位假法，但有名無體，純粹是思想創立的東西。根據米滂仁波切《論釋》和《百法明門論直解》說：「一、得：於一切法造作成就。二、命根：第八識種子、出入息和暖氣三者，連持不斷也。三、眾同分：如人之類，其形相似也；四、異生性：眾生之妄性不同也。五、無想定：心想俱滅，前六識心及心所不活動；外道所修之定也。六、滅盡定：受想之心滅盡，前六識心及心所不行，第七俱生我執及其心所亦不起也，惟第七識之俱生法執及第八識仍不離根身。七、無想報：外道修無想定，命終生無想天，壽命五百劫，想心所不行，如冰夾魚也。八、名身：依事立名，眾名聯合曰名身；如眼、耳等。九、句身：積言成句，眾句聯合曰句身，例如眼無常。十、文身：文即是字，眾字聯合曰文身。八、九和十皆可依聲、依色和依法而成立。十一、生：依於色、心仗緣顯現假立。十二、住：依於色，心暫時相似相續假立。十三、老者：亦名為異，依於色、心遷變不停，漸就衰異假立。十四、無常者：亦名為滅，依於

色、心暫有還無假立。十五、流轉：因果相續，流轉不斷。十六、定異：善惡因果；決定不同。十七、相應：依於心及心所和合俱起假立。十八、勢速：諸法遷流，不暫停住。十九、次第：編列有序也。二十、時：依於色心剎那展轉假立，故有日月年運長短差別。二十一、方：依於形質前後左右假立，故有東、南等十方差別。二十二、數：依於諸法多少相仍相待假立，故有數量之差別。二十三、和合：不相乖違也。二十四、不和合：互相乖違也。

187. 名言種子能生起一切相分、見分；因依名言而熏習生長，故稱為名言種子。名言種子有二種，表義名言種子和顯境名言種子；前者在本論稱為「有覺分別相」，因唯是意識心、心所作用；所以有思想概念；後者在本論稱為「無覺分別相」，如世親菩薩所言：「從彼種子直起義光未能如是如是起意言解」。而顯境名言是指前七識能了境的心、心所見分。

應用思考問題

1. 智有兩類：分別智和無分別智。分別智又分成凡夫不隨順二無我理的分別智，和加行位凡夫隨順二無我理的分別智；無分別智又分成根本智和後得智。試依頌三十一說明。

2. 能於依他起自性遣除遍計所執，就能通達勝義境界，所謂圓成實自性。試依種子學說和頌三十二說明雜染生起的原因和遠離垢染的方法。

3. 修行人要修止觀才能使生命得到淨化，試依頌三十三說明。

4. 彌勒菩薩修行的特點是「全無外境，唯有內識」。到再進一步修煉時，更要將外境和內識都空掉。同時亦要認識到無論貪等染法，信等淨法，都只是「心光」的顯現。試依頌三十四說明。

5. 心識活動雖是存在，卻是幻化；只要我們不執著離開顯現的光相之外有一實我、實法，就是真實修行。這就是《般若經》之無我想、有情想、命者想和補特伽羅想轉；亦無法想、無非法想、無想、亦無非想轉的具體修行法；試依頌三十五和《能斷金剛般若波羅蜜多經》說明。

6. 彌勒菩薩以三自性學說成功地解釋《般若經》，而彌勒菩薩提出的三自性的精髓，詳見本品頌十三、頌三十八、三十九和四十；如再輔以《辨中邊論·辨真實品·頌三及

《頌四》，就可以清楚列出三自性描述存有的三大原則：外境只是凡夫錯亂分別；心識活動顯現相狀如幻有；於心識活動遣除實我、實法就是真實。試綜合本論上述四頌及《辨中邊論》兩頌，說明三自性學說大概。

7. 略述彌勒菩薩提出的所相，所謂五位百法的意義。

8. 很多人依文解義，以為心不相應法不屬於色法或心法，所謂非色非心；其實心不相應法多是依色法或心法的分位——偶然發生的情況而以思想概念假立的東西。試依米滂仁波切《論釋》及《百法明門論直解》，說明二十四種心不相應法。

9. 普通人以為日常生活中所看、所觸的外境都是真實，有實體存在。彌勒菩薩雖沒有說外境有無實體，但指出凡夫所看到、所把觸到的不是有實體的外境，而是自己心識活動時所顯現能、所二取，後來繼承者，如無著、世親等菩薩發展出很縝密的種子學說，說明我們的認識對象只是自己業種子、名言顯境種子、名言表義種子和我執種子遇緣現行的結果；其中最出人意表的是我們能認識的外境，本質上只是自己思想安立的名相。世親菩薩就以種子學說來說明造成這最荒誕的笑話。試以「習光」、「意言」和「名義互光起」這三個認識外境階段，說明外境只是「非真分別故，是名分別相」。

10. 依頌三十八說明三自性中「分別相真實」之內容。

《大乘莊嚴經論》第29講

〈述求品〉是講述修行人如果想找尋解脫的門路，首先要依循三藏十二部經、修行終極所緣真如境和如何起心動念三方面作為修行指引。彌勒菩薩由頌十三開始，便用三自性教法來曉喻修行人如何尋求真如；如何知世間現象——心識活動盡皆如幻；以何種智才能通達真如；如何修止觀去除垢染；以「全無外境、唯有內識」作為發力點去體證真如；並詳細講述三自性。

彌勒菩薩解釋指凡夫聲稱能把觸得到實有外境，其實全然是自己心識的分別妄想。祂分析原因說：當人接觸外境起心動念時，刺激潛藏在第八識內的顯境種子；接著意識的想心所將所緣境上的像貌鉤攝過來，並以之為增上緣，安立種種名言概念。當想到這些名相時，境相便在

內心顯現。其實凡夫當時所認識的只是名相，並非真的能把觸得到境相。「意言及習光，名義互光起；非眞分別故，是名分別相」。世俗現象其實就是依他起性，亦即心識活動。當心識活動時，必然有能取、所取，所取之境包括器世界、六境和六根；而能取包括了第七末那識、前五識和意識；這二取都是因第八識所攝持的種子依眾緣而起現行，如夢幻般在前七識顯現。「所取及能取，二相各三光，不眞分別故，是說依他相」。眞如的所謂圓成實相，可從自相、染淨相和無分別三方面來論述。自相是指眞如可以無自性的特性來否定能、所二取，亦可從有自性的特性來成立眞如，所以眞如的自相是「無體、體無二」；從染淨相來看，一方面，眞如確暫爲客塵垢染，所以非寂靜；另一方面，眞如自性清淨，本來寂靜；所以「非寂靜、寂靜」。由於眞如不是有漏的心識活動境界，要遣除能、所二取的分別活動才能證見眞如，所以眞如的特性是無分別。

由三自性學說就可建立三解脫門；如《瑜伽師地論・卷七十四》云：「三種解脫門亦由三自性而得建立，謂由遍計所執自性故立空解脫門，由依他起自性故立無願解脫門，由圓成實自性故立無相解脫門。」修行人應依這三解脫門實修。

接著，彌勒菩薩提出五學境——這條以三自性道理修止觀來穿越資糧、加行、通達、修習和究竟位的方便。首先是「能持」，是修行人於資糧位聞思佛證悟眞如後，以後得智所宣說三自性的教法。第二是「所持」，在加行位憶念三自性所述心識活動如幻，次第修得識境俱泯。第三是「鏡像」，在登地時以無漏無分別智現見人無我、法無我道理，這二空理猶如鏡面上影像清晰顯現。第四是在二地至十地，以出世間智明悟遍計所執相常非有，依他起性有非眞，圓成實自性離一切戲論，不可說。第五是「轉依」，盡焚第八識內有漏二障種子，得大菩提；徹底改變對眞如的迷執，得大涅槃。「應知五學境，正法及正憶，心界有非有，第五說轉依。聖性證平等，解脫事亦一，勝則有五義，不減亦不增」。

　　最後，彌勒菩薩再將〈菩提品〉頌三十八至四十八有關八識轉依的情況，從尋求解脫的角度再闡述，大家可比較這兩品有關轉依活動的概況。

四十　　所取及能取，二相各三光，
　　　　不眞分別故，是說依他相。

依他起相包括能、所兩相：所相方面有句光、義光和身光；能相方面有意光、受光和分別光，但這六光都是第八識所攝持的雜染種子起現行，就如夢幻般而顯現。

世親菩薩說：「此相中自有所取相及能取相。所取相有三光，謂句光、義光、身光。能取相有三光，謂意光、受光、分別光。意謂一切時染污識，受謂五識身，分別謂意識。」依他起性就是八識的虛妄分別活動；當識境相連時，能取的心就有第七末那識、前五識和意識的顯現，而所取的境就有器世界、色等六境和眼等六根的顯現。當中的意光，是指無始以來緣阿賴耶見分而視為「我」的末那識；受光，指前五識；分別光，指第六意識；句光，指阿賴耶共業種子所變現似外在的器世界；義光，指似內在的色聲香味觸法六境；身光，指似內在的眼耳鼻舌身意六根。世親菩薩又說：「如此諸光，皆是不真分別故。」這六種光實際上都是阿賴耶識所攝持的雜染種子，依眾緣而起現行，如夢幻般在前七識顯現。

四十一　無體、體無二，非寂靜、寂靜；
**　　　　以無分別故，是說真實相。**

圓成實可以從無自性立場來否定能、所二取，亦可從

有自性立場來肯定成立真如；所以從自相來看，圓成實性是有體、無體均為一義，無異平等。從染淨來說，一方面確暫為客塵垢染，所以非寂靜，但另一方面是自性清淨，本來寂靜；所以圓成實是遠離有無、染淨等分別概念。

世親菩薩說：「此相有三種：一自相，二染淨相，三無分別相。」又說：「無體、體無二者，是真實自相；無體者，一切諸法但分別故；體者，以無體為體故；無二者，體無體無別故。」意思是說「無體、體無二」這句是解釋圓成實的自相，一切法都是假名安立，諸法皆無自性。而真如卻以無自性作為其自性；所以從自相說，有體、無體只是從不同角度表述，無論如何，兩者均為一義，無異平等。「非寂靜、寂靜者，是真實染淨相；非寂靜者，由客塵煩惱故；寂靜者，由自性清淨故」。眾生因無明障蔽故，由我執引發煩惱，如同灰塵遮蔽本自清淨的心性。但我們若勤修止觀，就會去除客塵，回復本自清淨狀態。「以無分別故者，是真實無分別相，由分別不行境界，無戲論故」。真如是個沒有有漏心識活動的境界，所以要遣除能、所二取的分別活動才能證知真如，因此真如的特性是無分別。

如果說《般若心經》是佛門大德將《大般若經》第

二會的經文剪裁編輯出來的話（註釋188），那麼這位大德極可能是彌勒菩薩，而編輯的原則就是依圓成實之三相。由「舍利子，色不異空……」至「無眼界，乃至無意識界」是真實自相——「無體、體無二」。由「無無明……」至「無智亦無得」是真實染淨相——「非寂靜、寂靜」。由「以無所得……究竟涅槃」是真實無分別相。《心經》全文重心就是依圓成實自性真實三相的原則而編輯開演出來，而主體經文取材自《大般若經・第四百零三卷・第二分》，再在開頭加上第四分〈妙行品〉，結尾加上第四分〈供養窣堵坡品〉中節錄的經文。《心經》用意是佛勸勉迴小向大的舍利弗，要效法觀世音開展大悲心、菩提心和無漏無分別智來體證諸法空相——自相、染淨相和無分別相；從此遠離遍計所執的分別，不受依他起自性的迷因——如夢幻般顯現所迷惑，達致解脫。

接著，彌勒菩薩解釋瑜伽士如何將三自性的要義，應用在五個修行成佛的階段。世親菩薩說：「彼能相復有五種學境：一能持、二所持、三鏡像、四明悟、五轉依。」

四十二　應知五學境，正法及正憶，
　　　　心界有、非有，第五說轉依。

修行人先於資糧位聞思佛在證悟真如後所宣說三自性的教法；第二是在加行位，憶念三自性所述心識活動如幻，修止觀次第達致識境俱泯；第三是在初地，以無漏無分別智現見人無我、法無我，這二空理猶如鏡面上影像清晰地顯現；第四是在二地至十地以出世間智明悟遍計所執相常非有，依他起相有非真，圓成實相唯有非有；第五是轉依。

甚麼是轉依呢？

四十三　聖性證平等，解脫事亦一；
　　　　勝則有五義，不減亦不增。

十地菩薩轉依成佛，在真如法界中達致解脫；雖則此解脫與諸阿羅漢平等，然大乘的解脫比二乘有五種殊勝差別。畢竟，真如法界中因具平等性，所以無論多少眾生斷業惑亦不損減，無論多少眾生證涅槃亦無增長。

彌勒菩薩除了在前面〈菩提品・頌十二〉提到轉依：透過修煉無漏無分別根本智和無漏有分別後得智伏斷二障種子，顯得大涅槃和生得大菩提這二種最上圓滿白法，成就具足法、報、化三身的佛體，更以真如為自性身，這

就是轉依。當中證得真如無生道理，顯得大涅槃這點與阿羅漢以盡智入涅槃是平等的。但佛果比二乘殊勝，除了在〈菩提品‧頌十四〉提過十種殊勝外，彌勒菩薩在這頌再提到佛果比二乘果還有五種殊勝。世親菩薩說：「雖復聖性平等，然諸佛最勝自在有五義：一者清淨勝，由漏習俱盡故。」大乘人經三大阿僧祇劫修行，到轉依時盡焚第八識內所有有漏種子，故內心極微細之習氣亦斷盡無餘。據印度早期出現的佛典記載，阿羅漢尚有宿世習氣的行為表現。「二者普遍勝，由剎土通淨故」。轉依後，佛無漏的顯境種子能現出七寶大地、如意樹、甘露池等莊嚴淨土。「三者身勝，由法身故」。轉依後，佛以真如為自性身，二乘人僅證人無我而得解脫身。「四者受用勝，由轉法輪，受用不斷故」。佛恆以報身為十地菩薩說法，為了令菩薩眾能受用圓滿的法財，所以不單示現能說法的受用身，更變現出清淨的受用土和資財。「五者業勝，由住兜率天等現諸化事，利益眾生故」。佛入無住涅槃，能現種種化身，盡未來際利益有情，然二乘人則欠此能耐。米滂仁波切在其《論釋》中提到這五學境，前四者能持、所持、鏡像和明悟是因瑜伽位，後者轉依是果瑜伽位；而瑜伽是指止觀雙運。並強調能所相連；在所相五位百法中，每一法皆有能相三自性；例如色法可分為遍計之色、依他起色和依法性簡別之色。

壬七 尋求解脫

所謂解脫，是指因修行正法，斷除煩惱苦果而現前涅槃。所謂尋求解脫，就是獲證涅槃的方法。

四十四　如是種子轉，句義身光轉；
**　　　　是名無漏界，三乘同所依。**

隨著第十地菩薩轉依成佛，祂的第八識所攝藏的盡是無漏種子，而無漏心識活動所顯現的三種相狀：句——器世間，義——六境和身——六根，亦同時顯為清淨莊嚴；當佛轉依時並以真如——無漏法界為自性身；這個無漏法界亦是三乘人得到解脫之所依。

「種子」，指攝持種子的第八識。「句、義、身」，見前頌四十論釋。「句」，又譯作「處」，指器世界境。「義」，指色聲香味觸法六境。「身」，指眼耳鼻舌身意六根。全句意指當第八識所攝持之有漏種子轉依成無漏種子時，心識活動所顯現的根身器界，亦轉成七寶莊嚴的大地、如意寶樹和甘露妙池的剎土（註釋189）和色聲香味觸五境互用，例如眼能聽、能觸等共一千二百項功德。

四十五　意受分別轉，四種自在得，

**　　　　次第無分別，剎土智業故。**

　　隨著第八識轉依，第七末那──意，前五根識──受和第六意識──分別也出現變化；並且依次得無分別智慧自在、剎土清淨自在、無礙的智慧自在和事業自在等四種自在。

　　四種自在是無分別智慧自在、剎土清淨自在、無礙智慧自在和事業自在。

　　意、受和分別轉中的「轉」字，根據梵文本不是「轉依」的意思，而是作變化解。〈菩提品・頌四十二〉解釋第七識「意根」隨著第八識轉依所出現變化時這樣說：「如是意根轉，變化得增上；極淨無分別，恆隨變化行。」當意根轉依時，棄捨分別自他的我癡、我見、我慢和我愛，與第七識相應的慧心所變成平等性智；恆常與前六識所轉依的妙觀察智和成所作智一同現行，示現種種他受用身和他受用土；盡未來際以純善的心無分別地平等利益有情。這裡所指的無分別自在智慧，是指平等性智。〈菩提品・頌四十三〉解釋前五識──義受隨第八識轉依

時出現的變化時說：「如是義受轉，變化得增上；淨土如所欲，受用皆現前。」轉依後與前五識相應的慧心所變為成所作智時，能依眾生不同等級的福德，隨欲變現出清淨程度各異的變化剎土，以及在剎土上的一切受用；剎土清淨就是指這一點。〈菩提品·頌四十四〉解說意識隨著第八識轉依而出現的變化時說：「如是分別轉，變化得增上；諸智所作業，恆時無礙行。」與第六識相應的慧心所隨著第八識轉依後出現變化，能以妙觀察智無礙地觀察諸法實相和現象；並能恆時自在地起現神通，利樂有情，這就是智慧自在和事業自在。

四自在在菩薩第八、第九和第十地成熟先後都有不同。

四十六　應知後三地，說有四自在；
　　　　不動地有二，餘地各餘一。

四種自在中，於第八不動地有無分別自在、清淨剎土自在成熟；於第九善慧地有四無礙解成熟；第十法雲地有事業自在成熟。

換言之，第八不動地得無分別自在和剎土清淨自在成

熟；第九善慧地得智自在成熟；第十法雲地得事業自在成熟。世親菩薩說：「善慧地有第三智自在，由得四辨善巧勝故。」這四辨善巧即四無礙解。第九地菩薩因願波羅蜜圓滿，於種種法之不同性相，均能了別無誤，成為法之大教誡師。（註釋190）第十地菩薩因智波羅蜜圓滿，以神通力令事業自在。

註釋

188. 見羅時憲先生《般若波羅蜜多心經》的解釋。

189. 如〈菩提品·頌四十五〉云：「如是安立轉，變化得增上，住佛不動句，不住於涅槃。」句，指器世間；佛不動句，是佛以真如為自性身，住於無漏的真如法界。又如〈菩提品·頌四十一〉云：「如是五根轉，變化得增上；諸義遍所作，功德千二百。」總之隨著第八識轉依，句、義、身三種所相亦隨之而轉依。內容詳見〈菩提品·頌四十一至四十五〉。

190. 四無礙解是第九地菩薩成為大教授師所具之特別能力——對種種法之不同性相了別無誤，並在說法時對教法的文句、教法的義理、方言的展轉訓釋和稱機巧說，皆無滯礙。

應用思考問題

1. 依他起性專指心識活動時的顯現相狀，有而不實。能取有意、受和分別三光，包括了前七識的活動；所取有句、義和身三光。試依頌四十解釋二取六光的內容。

2. 圓成實相有三相：自相、染淨相和無分別相。試依頌四十一說明。

3. 三自性與三解脫門有何關係？試依《瑜伽師地論·卷七十四》說明！

4. 為甚麼說《般若心經》是依圓成實相，所謂自相、染淨相和無分別相的理念，剪輯《大般若經》第二會、第四會而成？你能以白話文解述嗎？

5. 何謂五學境？與證悟三自性有何關係？試依頌四十二及頌四十三說明。

6. 為甚麼說佛果轉依而得的解脫比阿羅漢得的解脫殊勝？試依頌四十三解釋。

7. 頌三十六至頌四十三都是說明從體相方面修學，為何說所相的五法——色法、識法、心所法、心不相應行法和無為法，上述任何一法中都包括有能相——三自性；可依之修成五學境？試逐一說明。

8. 三自性是修行人極有效之方便法門之一，試依頌三十八、三十九說明遍計所執自性；頌四十說明依他起自性；頌四十一說明圓成實自性。

9. 彌勒菩薩所謂的「解脫」，就是指「轉依」。隨著修行人在十地盡焚第八識內有漏種子，剩下無漏種子，修行人亦將器界、六境、六根轉成無漏法界。試依頌四十四說明這無漏法界的特性。

10. 隨著第八識所攝持轉依成無漏種子，修行人前七識亦起重大變化，例如得四種自在。試依頌四十五說明。

11. 前七識轉依未必盡在第十地轉依成佛時進行，在三淨地例如第八不動地、第九善慧地和第十法雲地亦有部分轉依；試依頌四十六說明。

12. 前面〈菩提品〉已詳盡地提到八識轉依的殊勝和情況，試將〈菩提品〉頌三十八至頌四十八，與〈述求品〉尋求解脫例如頌四十二至四十六作綜合比較。

《大乘莊嚴經論》第30講

　　上幾堂開講修行人開始修行，應向哪些方面研究及修煉呢？例如三藏十二部經；真如；再者，只有修成無漏根本智——般若——行者才能證真如；想擺脫輪迴、走進涅槃，就要依靠修止觀；從資糧位走到實修的加行位，以全無外境、唯有內識的修心要旨行出第一步！還有就是彌勒菩薩的精粹教言——三自性——真如的體和用，和如何以三自性貫串菩薩五位的修行——五學境。此外，彌勒菩薩還要我們認識轉依解脫和見道解脫的方法。前者是成佛，後者是登地；解脫程度不同。轉依是第十地菩薩，以無分別根本智斷盡二障習氣，得大涅槃和大菩提，轉依在本論〈菩提品〉頌三十八至四十八言之甚詳，而本品更提到前七識轉依時，有四種自在和它們在三淨地成熟的情形。換言之，前七識在未轉依前已有明顯的改變。「意受分別

轉，四種自在得，次第無分別，剎土智業故。應知後三地，說有四自在；不動地有二，餘地各餘一」。而見道解脫則有頌四十七和四十八提到的先空境、後空識，泯盡境識，遣除二取，超過加行位而見道。「三有二無我，了入真唯識；亦無唯識光，得離名解脫。能持所持聚，觀故唯有名；觀名不見名，無名得解脫」。這裡的「名」，可理解為「心識」。

接著，修行人應確認諸法無自性的道理，即文中所指「尋求無自體」。祂先從諸法三相邊異來分析：未來法自體尚未生起；過去法自體已滅；現在法亦正剎那生滅，故自體亦不能恆常存在，因此成立諸法無自體。如以三自性來看，遍計所執自性的東西純由分別而來，當然無自體；依他起自性的東西僅是緣起而出現生滅之相，其本身根本無自體；而圓成實性是遠離有自體、無自體的分別。以無自體為自體；故亦無自體。由於確證諸法無自性，一連串佛教重要的見地如無生、無滅、本自清淨和自性涅槃，便由此衍生成立。「無自體故成，前成後依止；無生復無滅，本淨性涅槃」。如將無生、無滅、本自清淨和自性涅槃等精髓總結，就成為「無生法忍」的修行法門。彌勒菩薩要我們堅信及接受以下八種「無生法忍」的情況：一、堅信並接受輪迴是沒有開始；二、每期生命都不盡相同，

過去的法不復再生故；三、在輪迴中出現的，盡是往昔曾有的有情，並無新的有情出現；四、確認遍計所執由分別而來，所以外境實無；五、確認依他起例如這期生命現象雖有顯相出現，但實無自性，故人生如美惡夢一場；六、確認真如離開一切相對變異，不生不滅，不垢不淨，不增不減；七、確認只要修行斷盡煩惱，就必然得到永離煩惱的涅槃境界；八、確認諸法平等，所謂人無我、法無我；自他平等；佛體平等，所謂佛、眾生、真如三者平等。如果只以凡夫的勝解心理作用確認這八種無生法忍，則得加行忍位中的下品無生法忍；若以無分別智於根本定中確認這八種無生法忍，則得見道中品無生法忍；若能任運出入滅盡定，於任何時均以無分別智不動地住於無生法忍，這就是第八地菩薩所得的上品無生法忍。「本來及真實，異相及自相，自然及無異，染污差別八」。

四十七　三有二無我，了入真唯識；
　　　　　　亦無唯識光，得離名解脫。

　　菩薩於輪迴三界中了知人、法皆無自性的道理，然後在加行煖位修證「全無外境，唯有內識」；當安心於所取境空後，復次能取識亦空；最後在世第一法時遣除二取而現前解脫。

世親菩薩解釋「三有二無我，了入眞唯識」這句說：
「菩薩於三有中分別人法皆無有體，是故無我。如是知
已，亦非一向都無有體；取一切諸法眞實唯識故。」初基
菩薩在觀察諸法時，發覺它們都是無自性的。若再深一層
分析，其實諸法都是八識所變現，並非甚麼都沒有。「菩
薩爾時安心唯識，識光亦無，即得解脫，何以故？由人、
法不可得，離有所得故」。當菩薩深入修行，到加行位世
第一法時，卒之領悟到能取的心識亦空；「人、法不可
得」，就是指能取、所取亦復空，這時修行人將世間最高
的有漏智——這種有所得的智慧都揚棄，以無所得的無漏
智把觸眞如，這便是見道解脫。

彌勒菩薩繼續解說加行位修行人如何以唯識修行得見
道解脫。

四十八　能持所持聚，觀故唯有名；
　　　　　觀名不見名，無名得解脫。

在資糧位和加行位積聚福慧資糧；前段具足能持的所
聞法，後段正憶念所聞法的道理而修止觀；通達實無外境
而唯有以內識來安立假名的道理；進而修煉至亦不見有任

何安立假名的內識，得見道解脫。

世親菩薩說：「能持謂所聞法，所持謂正憶念，聚謂福智滿。」意指在資糧位聞法，在加行位修法，在這兩個階段中積滿一大阿僧祇劫應具備的福慧資糧，用於見道。「觀故唯有名者，但有言說無有義故」。意即通達唯有假名，實無外境。這裡的「名」是「名色」的名，指精神作用，包括了心和心所的活動；亦即所謂受、想、行、識四蘊。「觀名不見名，無名得解脫者，由義無體故，又不見識故，又不見非色四陰故，故是名亦不可得；離有所得故，故名解脫」。了解到全無外境之後，再觀心和心所的內識——所謂名亦不可得，由於遠離有所得的能、所二取，所以見道得解脫。

彌勒菩薩再提醒修行人，所謂輪迴即是心被束縛；所謂解脫，就是斷除人我執和法我執的束縛，讓心靈恆常處於開放的境界。

四十九　我見熏習心，流轉於諸趣；
　　　　　安心住於內，回流說解脫。

由於人、法兩種我見熏習內心，以此心受雜染為因，

流轉六道輪迴。倘若知外境不可得，安心於內，攝令不散；就能從生死流轉中回流而得解脫。

世親菩薩說：「有二種我見滋灰故言熏習；由此熏習為因，是故流轉生死。」所謂滋灰，是唐朝染衣時，用一些礦物質塗在布料上，染成的圖案。「滋灰猶言雜染」。以滋灰比喻心受人我執、法我執束縛，故不斷積累煩惱障與所知障。「若知所緣不可得，置心於內攝令不散，即回彼流說名解脫」。若果將貪取外境的散亂心回收內住，安住於三摩地；因而了悟「全無外境，唯有內識」的道理，更進而了解心識亦無所得，因此而遣除二取而不再積累二障習氣；雜染人生便得逆轉，當得解脫。

壬八 尋求無自體

無自體在《般若經》說為無自性。依印度聖賢對「自性」的定義：「若有某件東西都不依靠其他東西而能單獨存在；這件東西就可以說為有自性或者實有。但這種東西根本不存在。」（註釋191）

五十　自無及體無，及以體不住；

　　　　如執無體故，法成無自體。

未來法自體尚未生起，故無自體；過去法自體已滅，故亦無自體；現在法因具剎那生滅，故自體亦不能恆常存在。此外，凡夫所執如「我」亦根本不存在，故此亦無自性。

「自無」，指未來法；「體無」，指過去法；「體不住」，指現在法；三者皆無自體或無自性。一切法可分現在、未來和過去；過去的東西已滅，當然無自體；未來的東西未生起，亦無自體；現在的東西剎那生滅；滅屬過去，生屬未來；若過去和未來都無自體，現在的東西怎會有自體？

五十一　無自體故成，前為後依止；
　　　　無生復無滅，本靜性涅槃。

若諸法無自性則必無生，無生則無滅，無生滅則本自清淨，若本自清淨則不可能因起惑而造業受苦。

若從三自性來觀察：遍計所執自性的東西純由分別而來，當然無自體；依他起自性的東西，僅是緣起而顯現生滅之相，本身根本亦無自體；圓成實性遠離有自體、無自

體之分別，所以亦無自體。

世親菩薩這樣總結：從一切法具有三自性，所以推論到一切法無自體或無自性。此外，世親菩薩從諸法無自性的特質作出如下推斷：「若無性則無生，若無生則無滅，若無生滅則本來寂靜，若本來寂靜則自性涅槃。」諸法既然不實有，它的生滅相便只是人類後天強加上去的分別；離開分別念，諸法本自解脫，本自清淨。

壬九 尋求無生法忍

世親菩薩說：「有八種無起法，名無生法忍。」所謂無起法，即無生法；彌勒菩薩勸勉修行人應對八種無生法，心能安忍；「忍」，即印可、確認和接受的意思。

五十二　本來及真實，異相及自相，
　　　　自然及無異，染污差別八。

應對八種無生法，心能安忍：這八種無生法分別是：本來無生法忍、真實無生法忍、異相無生法忍、自相無生法忍、自然無生法忍、無異無生法忍、染污無生法忍和差別無生法忍。

根據米滂仁波切在《勝乘甘露喜筵》列出八種無生：

一、本來無生法忍：不能認為輪迴有一個起點，更不能認為梵天、大自在天創造一個輪迴；每個眾生因十二因緣而環環相扣，根本不可能有一個初始輪迴起點；如果對這點能堪印領受的話，便是本來無生法忍。

二、真實無生法忍：能確認及接受過去輪迴中已生的法不復再生，就是真實無生法忍；例如過去世的你已滅，若果說過去世的你今生又再生了，這是不合理的。

三、異相無生法忍：所謂「異相」，是指在輪迴相續中另外生起一個獨立的新生個體；能確認這道理，就是異相無生法忍。例如在輪迴中所出現的盡皆往昔的有情，不會有增有減；你和這些有情的關係，只是離離合合而已。

四、自相無生法忍：好像龜毛兔角，遍計所執的東西是純粹的分別，連相狀亦不會出現；如能確認接受這道理，就是自相無生法忍。

五、自然無生法忍：依他起自性是有而不實，要觀待

其他因緣聚合才生；所以自性無生。對此道理能確證領受，就是自然無生法忍。

六、無異無生法忍：圓成實性不生不滅，不垢不淨，不增不減，就如虛空般沒有變異。對這道理能確認接受，就是無異無生法忍。

七、染污無生法忍：確認接受阿羅漢以盡智斷除染污諸種煩惱，這些煩惱不復再起，就是染污無生法忍。

八、差別無生法忍：確認領受諸佛轉依時同以眞如爲自性身，佛體平等；這是差別無生法忍。

一般來說，得無生法忍有下、中、上三品之分別。到達忍位的加行位修行人只能以勝解來理解無生法忍，得下品無生法忍；見道位菩薩以無分別根本智現證無生法忍，得中品無生法忍；第八地菩薩因能任運出入滅盡定，壓伏俱生我執，遠離二取；故能於任何時候均能不動地安住於無生法忍，這是上品無生法忍。

壬十 尋求宣說一乘之密意

質疑：有些佛經宣說三乘，有些宣說一乘，佛的用意何在呢？

解惑：佛是基於八種原因而說究竟一乘法；所以世親菩薩說：「如是處處經中以此八意佛說一乘，而亦不無三乘。」（註釋192）意思是指，只要聞法眾生得益，佛既用三乘說法，亦用一乘說法。

五十三　法、無我、解脫、同故，性別故；
##　　　　得二意、變化，究竟；說一乘。

三乘所趣入的法界一味相同；三乘人均同證人無我的空性；三乘人同樣可以解脫業惑痛苦；不定種性亦有天會轉入大乘；諸佛證得「我及一切眾生均可證入法界」的意趣；二乘人在佛、菩薩加持下，能生起「我亦能成就佛果」的意趣；就算釋尊雖曾以無量無數聲聞人身分示現涅槃，但祂實則是大乘的修行人；成就無上佛果是最究竟的修行目標。佛就基於這八個理由而宣說究竟一乘。

世親菩薩解釋說：「此中八意，佛說一乘，一者法同故，謂聲聞等人無別法界，由所趣同故，故說一乘。」佛和二乘人都以透過修行，證入法界為目標；前者以無生

智，後者以盡智趣入。「二者無我同故，謂聲聞等人同無我體，由趣者同故，故說一乘」。三乘所有修行人均平等安住於人無我的真如理內。由於趣向真如的修行人歸宿相同，所以宣說一乘。「三者解脫同故，謂聲聞等人同滅惑障，由出離同故」。三乘修行人同具出離心，務求從業惑痛苦中得到解脫；所以佛宣說一乘。「四者性別故，謂不定三乘性人引入大乘，故說一乘」。屬不定種性的三乘修行人，經佛指引全都趣入大乘，所以佛宣說一乘。「五者諸佛得同自意故，謂諸佛得如此意如我所得，一切眾生亦同我得。由此意故，故說一乘」。諸佛轉依時，證得真如法界內眾生平等無別的意趣，所以宣說一乘。「六者聲聞得作佛意故，謂諸聲聞昔行大菩提聚時有定作佛性；彼時佛加持故、勝攝故，得自知作佛意。如此人前後相續無別，故說一乘」。二乘人在佛、菩薩加持下，大乘種性種子甦醒，並修習菩薩行，由是生起「我亦能成就佛果」的意趣，所以佛宣說一乘。「七者變化故，諸佛示現聲聞而般涅槃，為教化故；如佛自說：『我無量無數以聲聞乘示現涅槃。』由離此方便更無方便化小根人入大乘故，理實唯一；故說大乘」。釋尊雖曾示現以無量無數聲聞人身分而入涅槃，但事實上，祂是位大乘修行人。「八者究竟故，謂至佛體無復去處，故說一乘」。成就佛果是修行解脫道的至極無上境界，所以佛說究竟一乘。

註釋

191. 見聖天菩薩《菩薩瑜伽行四百論‧頌三二六》：「若有任何法，都不依他成，可說為實有，然彼皆非有。」

192. 佛為了讓大乘種性種子尚未甦醒，現世尚在修學二乘的人專心於修習聲聞和緣覺的解脫法門，所以宣說三乘；待因緣成熟，二乘人的大乘種性種子一旦甦醒，自然迴小向大，便致力於究竟一乘的修習。所以彌勒菩薩在本論所表達的，是眾生均可有最終成佛的可能性，只要他們大乘種性種子甦醒；換一句話說：「只要眾生的大乘種性種子甦醒，眾生究竟必能成佛。」

應用思考問題

1. 頌四十七、四十八是教加行位菩薩如何見道，現見真如；
    頌中所謂解脫，不是究竟位的轉依，而是登地現見真如。
    試解釋之。

2. 頌四十七、四十八兩頌中的「名」字，是指「名色」中
    「名」字，解作精神作用，包括了心識及心所；試依兩頌
    分別解釋，並以白話解釋兩頌。

3. 流轉生死和回流解脫關鍵在於「我見」，而斷伏我見首要
    確認外境不可得；試依頌四十九說明。

4. 自體即自性，無自體亦即無自性。諸法無自性是一個重要
    的教言；試定義「自性」及為何諸法無自性？

5. 「自無」、「體無」和「體不住」各指甚麼？「法成無自
    體」又指甚麼？試依頌五十說明。

6. 如何從三自性道理中得出諸法無自體的道理？試述之。

7. 由諸法無自體，所以能引申諸法無生、諸法無滅、本來寂
    靜和自性涅槃等精要見地。試依頌五十一及世親菩薩《論
    釋》述之。

8. 何謂無生法忍？試述八種無生法忍的內容。

9. 修行到何種階位，才可得三品無生法忍？試述之。

10. 佛以八種理由宣說究竟一乘，試依頌五十三說明。

《大乘莊嚴經論》第31講

　　上幾堂提到三乘修行人皆以證得涅槃為解脫；不同者在於二乘以盡智得涅槃，大乘以無生智得解脫。無生智是菩薩體證諸法無自體而得，例如遍計所執自性的東西純由個人的分別而來，當然無自體；依他起自性的東西僅是緣起而出現生滅之相，猶如雨後出現七色彩虹，只是水氣光影的作用，其本身根本無自體；而圓成實性是遠離有自體、無自體之分別，故亦無自體。修行人以無生智觀察諸法，除了證知諸法無生滅、本自清淨外，還證得自性涅槃的道理。「無自體故成，前成後依止；無生復無滅，本淨性涅槃」。

　　今堂繼續講述佛宣說究竟一乘的用意。大體來說，佛教內部有二種不同意見：唯識宗例如世親菩薩依種性說，

認為諸不定種性可趣入大乘而成佛，聲聞緣覺定性者絕不能成佛，斷種性者除了不能成佛，連成阿羅漢果、辟支佛果的機會也沒有；還有，二乘人如入無餘依涅槃，五蘊永滅，故根本不可能再入大乘。而中觀宗認為，眾生皆有大乘種性種子，只要眾生大乘種性種子甦醒，就算二乘人入了無餘依涅槃，一旦經佛和大菩薩例如文殊菩薩放光勸發後，亦能迴小向大，以不思議力量化生三界。當大乘種性種子具備圓、淨、熟三德後，必成佛果。此外，菩薩為了方便上求佛道，下化眾生，所以學習五明；如世親菩薩說：「內明為求自解學，因明為伏外執學，聲明為令他信學，醫明為所治方學，巧明為攝一切眾生。」

　　總括來說，〈述求品〉前部份所說菩薩所求之法分二：佛所說之教法和所證之教法。前者有三：尋求三藏聖教、尋求教法所緣境和能求的十八種作意；而後者有十一種，包括尋求真如、尋求如幻、尋求四種能知智、尋求染淨、尋求唯識、尋求體相、尋求解脫、尋求無自體、尋求無生法忍、尋求宣說一乘之密意和尋求五明。所謂尋求，猶如淘金者沙中尋金。在浩瀚佛法中，上述十四種皆是如煉純金般的精粹教言。

　　介紹完所說和所證教法後，進入實修的菩薩應依六度

而修行，而修行最重要是發心動機。行持六度時的起心動念，決定你修煉時經「思心所」見分所熏入阿賴耶識的無記名言種子，以後待緣再次現行時所帶起的種子是善性抑或惡性；還有，這些新熏善根種子甚至能營造出眾多強大的條件，引發出自心相續中尚待緣而起的無漏種子——所謂無漏大乘本性種子；起現行。而彌勒菩薩就詳列出四十七種修六度時的作意，俾使修行人透過多聞熏習，增長善根。例如修行人依知恩、念依、共果和信解作意，數數喜歡熏習，輾轉熏習更多六度善根種子。此外，透過善性的作意，能勾起同時、同類、同聚，由阿賴耶所攝持的六度善根種子，同起現行；所謂強緣引弱種，在全面修持六度的氛圍下令自他生起法喜，如同三世諸佛行持六度而現證無上菩提；行者同樣深信自己行持六度，積聚無量福慧資糧，最後當必成佛。「知因及念依，共果與信解；四意隨次第，修習諸善根」。

彌勒菩薩沒有放鬆，繼續闡釋佛宣說究竟一乘的用意。

五十四　引接諸聲聞，攝住諸菩薩；
　　　　於此二不定，諸佛說一乘。

諸佛向不定種性說究竟一乘，為的是攝引聲聞不定種性入大乘，和令菩薩不定種性安住於大乘而不退轉。

修行大乘不是容易的事，偶一為煩惱控制，心不能安忍，很容易對弘法利生失去信心而欲趣入聲聞乘寂滅。所以佛除了令聲聞迴小向大外，還要令修行人安住於大乘且不退轉，故佛宣說究竟一乘。

五十五　聲聞二不定，見義不見義，
　　　　見義不斷愛，斷愛俱軟根。

迴小向大的聲聞不定種性有兩類：已證真如例如預流、一來和不還；未證真如修聲聞乘的普通凡夫。已證真如而迴小向大的聲聞人又可分兩類：已斷欲界貪愛的例如不還果和未斷欲界貪愛的例如預流和一來果。這些聲聞不定種性縱使迴小向大，但比起直接修大乘的修行人悟性較低，進步較慢。

世親菩薩說：「此中見義二人，應知俱是軟品，由根鈍故。」無論這位聲聞不定種性是已離欲界煩惱的不還果聖人，抑或未離欲界煩惱的預流果、一來果聖人；當祂們迴小向大，改修大乘時悟性較低，進步亦較慢。見義，

指證得眞如；軟品，指悟性低下，進步緩慢。問題是這些迴小向大的二乘，比起修大乘的人悟性低，進度慢呢？世親菩薩此處沒有說明，而米滂仁波切則認爲就算是異生凡夫，直接修大乘的亦較這些預流、一來和不還悟性高，進步快！但我對此有保留！我認爲迴小向大的聲聞聖賢和登地菩薩相比，福慧可能稍遜，但不認同凡夫大乘修行人會勝過四果聖賢。誠如月稱菩薩在《入中論・極喜地》說：「即住最初菩提心，較佛語生及獨覺，由福力勝極增長，彼至遠行慧亦勝。」初地菩薩福德資糧勝過聲聞凡夫，至第七地菩薩智慧資糧才稍勝過四果賢聖。從這句可見，迴小向大的聖人只是比初地在福德上及八地菩薩於智慧上遜色。

質疑：見道賢聖要迴小向大，就要回到輪迴界化度眾生，積聚功德；請問祂們如何轉生於三界呢？若祂們已斷欲界男女情欲，如何可再入胎呢？

五十六　二得聖道人，迴向於諸有；
　　　　迴向不思議，二生相應故。

無論已離或未離欲界煩惱的聖賢，祂們已將所得的一切功德迴向給一切有情了，就是這樣不可思議地重返世

間！

一般來說，斷盡欲界煩惱的不還果聖人已斷欲界男女情欲，理應不能再投胎輪迴。彌勒菩薩認為聖人藉著迴向功德的力量，就可再投生人間，未離欲界煩惱的一來果和預流果聖賢，亦有自己再投生世間的方式；這兩類聖人分別以兩種不同的形式投生。

五十七　願力及化力，隨欲而受生；
　　　　願力不斷愛，化住阿那含。

由於迴小向大的預流果和一來果聖人未斷欲界煩惱，以願力就可投生；但不還果聖人就要以等持化身，在欲界示現投生。

世親菩薩說：「二生者；一願自在生，二化自在生。初是未離欲人，後是阿那含人。」阿那含，即聲聞乘第三果聖賢，譯作不還果，已斷盡欲界煩惱，不再投生欲界。故要投生，必要在色界或無色界以等持力生入欲界，是為化自在生。未離欲人是指聲聞預流果和一來果，祂們只憑發願的力量就可以在欲界投胎！

世親菩薩接著說：「問如此二人云何軟品？」為甚麼彌勒菩薩批評這些聖人悟性低，進步慢呢？彌勒菩薩解釋說：

五十八　由二樂涅槃，數數自厭故。
**　　　　二俱說鈍道，久久得菩提。**

這兩類人修煉大乘時的悟性低，進步慢，這是因為祂們都耽於涅槃之樂，並且生起厭離世間的念頭；所以這兩類人雖已為聖人，卻不能速證無上菩提。

還有一類不定種性的聲聞先修成辟支佛，再成就無上菩提，祂們究竟如何成佛呢？

五十九　所作未辦人，生在無佛世，
**　　　　修禪為化故，漸得大菩提。**

還有一類不定種性的聲聞，縱已見道，卻因未斷愛欲未成就阿羅漢果，而且又生於無佛出生的年代；幸好祂禪修力量高超，修成變化身，成就辟支佛果，未來將漸次修證成佛。

世親菩薩說：「所作未辦人者，謂見諦未斷愛，未得阿羅漢果人。此人生在無佛世界，生已自能勤修諸禪爲變化故。此人依止此化，漸漸更得無上菩提。」意思是：有一類修行人已見道證眞如，但未斷欲界煩惱；故不能成就阿羅漢果；而且今世又生於無佛出世的年代；幸好夙慧令牠就算在沒有佛指點下，由所修得深厚的禪定功力而成就「中佛」——辟支佛果——福慧比聲聞四果還好，但稍遜於佛。這位辟支佛繼續向上修行，最後亦能成就佛果。世親菩薩又舉《勝鬘經》說：「如佛勝鬘經說，如是聲聞，次得緣覺，後得作佛。」並以火爲喻說：「譬如，由糞火轉成草火，而由草火轉成薪火。」

大乘空有二宗對三乘或一乘各有表述，米滂仁波切將之梳理說：「唯識宗人認爲諸不定種性者可趣入大乘而成佛，聲緣定性者絕不能成佛；斷種性者除不能成佛，成阿羅漢果、辟支佛果的緣分也沒有；二乘人如入無餘依涅槃，五蘊永滅，故根本不可能再入大乘。」（註釋193）又說：「中觀認爲一切眾生自具如來藏，故只要大乘種子甦醒，就算二乘人入了無餘依涅槃，但經佛和大菩薩放光勸發後，亦能迴小向大，以不思議力量化生三界。當大乘種子具備圓、淨、熟三德後，終成佛果。」兩者各言之有理，智者不妨兼容並蓄。老拙認爲如解行地修行人以謙卑

的態度接受三乘教法，對弘法利世、成熟自他而言，都是
一件好事；而見道修行人根本連「我是菩薩」這想法都沒
有，何來三乘這個「法數」的執著？

壬十一 尋求五明

六十　菩薩習五明，總為求種智；
　　　解伏信治攝；為五五別求。

　　菩薩若不勤習五明，就不能證得一切種智。所以他們
為了求自解學、調伏外道，令他生信、對治疾病和攝受眾
生而尋求五明。

　　五明是指內明、因明、聲明、醫明和巧明。種智，指
一切種智，即佛智。彌勒菩薩指出若不勤習五明，則不
能得佛智。世親菩薩說：「問別意云何？答解伏信治攝
為五，五別求如其次第學：內明為求自解學，因明為伏外
執學，聲明為令他信學，醫明為所治方學，巧明為攝一切
眾生。」「為五五別求」是指為成就一切種智而次第地學
習五類科學。事實上，世、出世的學問都包括在這五類科
學——所謂五明中。一、內明：無誤地學習有關諸法的盡
所有性、如所有性，並依此而修行達致勝生安樂、定善解

脫的目的。二、因明：消除對外境存在上的錯覺，詳細抉擇所量外境、能量內心及心境認識過程的科學。（註釋194）三、聲明：古印度的語言學，在世間弘法，得靠語言文字；闡述字詞句的組合和結構的科學，就是聲明。四、醫明：對病因、病體、療病和復康的研究，並就全身病支、兒童病支、婦女病支、魔鬼病支、創傷病支、中毒支、返老支和壯陽支等八個科目，以運動和食物等療法，令風、膽、涎紊亂恢復平衡，便是醫明。五、巧明：涵蓋面很廣，例如書法、繪畫、拳擊等的身工巧明；研究音樂的樂音七品；（註釋195）研究演講術，和包括了相當於現代的生物學、天文學、地理學、礦物學、紡織學等科學的八種觀察相。（註釋196）菩薩學習五明，總的原因是爲修成佛智，別的原因是利益自他五類有情，如世親菩薩說：「內明爲求自解學，因明爲伏外執學，聲明爲令他信學，醫明爲所治方學，巧明爲攝一切眾生。」

　　至此，〈述求品〉已具體說明行者實修時十四種必須學習的所說和所證教法，所說之法分別是：一、尋求三藏聖教；二、尋求教法所緣境；三、尋求能求之十八種作意；而所證之法則爲：四、尋求眞如；五、尋求如幻；六、尋求能智；七、尋求染淨；八、尋求唯識；九、尋求體相──三自性與五位百法；十、尋求解脫；十一、尋求

無自體；十二、尋求無生法忍；十三、尋求宣說一乘之密意；十四、尋求五明。接著，彌勒菩薩介紹四十四種長養善根，圓滿波羅蜜多的作意——如何起心動念，以合理的動機來策動修行人身語意業之六度行持。

庚二 以何種作意求法

由頌六十一至七十三，這十三頌是說長養善根及圓滿波羅蜜多的作意。彌勒菩薩認為大乘修行，必定要以六度為中心；所以如何起心動念去修六度，就成為重要課題。

六十一　知因及念依，共果與信解；
**　　　　四意隨次第，修習諸善根。**

修習知因作意、念依作意、共果作意和信解作意，能令自相續內六度善根種子增長。

這首偈頌介紹四種作意：知因、念依、共果和信解。

一、知因作意：修行人觀察內心確實有六波羅蜜多的種子，亦即是自己有成佛之善根，如此數數喜歡作意，熏習更多善根種子。

二、念依作意：此後當發菩提心；由於菩提心是六波羅蜜多之所依，故自念：「我今已發菩提心，諸波羅蜜決定當得圓滿。」

三、共果作意：行持六波羅蜜多，必得佛果，菩提心就是迴向自他共同獲得這無上菩提果。

四、信解作意：如同三世諸佛行持六度而現證無上菩提，如過去諸佛曾證，未來諸佛當證，現在諸佛今證。我今亦願行持六度而現證無上菩提。

修行人依這四種作意，數數喜歡多聞熏習，自然能使自己阿賴耶識所攝持的六度種子日日增長。

六十二　得喜有四種，二惡不能退；
應知隨修意，此復有四種。

得喜作意令獲四種喜；遇上逆境也無疲厭，是不退作意；行持六波羅蜜多時，應起懺悔、隨喜、勸請和迴向這四種隨修作意。

這首偈頌介紹三種作意：得喜作意、不退作意和隨修作意。

五、得喜作意：世親菩薩說：「菩薩次作是念，我今信解諸波羅蜜得四種喜；謂障斷喜、聚滿喜、攝自他二利喜、正依報二果喜。」知道修六度能對治煩惱，例如慳吝、毀犯、瞋恨、懈怠、散亂和愚癡，這就是障斷喜。明白透過修六度能令福德資糧和智慧資糧成熟；這就是聚滿喜。惠施與人能直接利他，自己歡喜無悔；持戒、安忍不害他人；精進成辦他利；以三昧力能除別人病苦和災害；以般若能說法利生；六度利人尚且如是，則彼能利己更不待言；這就是攝自他二利喜。修六度所得正報異熟果，例如布施得豐裕資財；持戒得人天之身；安忍得相好莊嚴、眷屬圓滿；精進能諸事成辦；禪定得身無病、心堪能；般若通達一切所知。依報等流果：無論生於何處，皆喜歡行持六度，並以此成熟自他。這就是正依報二果喜。

六、不退作意：世親菩薩說：「雖遇惡人違逆，惡事逼惱；終無退心。」所謂退心，即是對修行感到疲厭之心。

七、隨修作意：世親菩薩說：「次作是念，我今為得

無上菩提，於諸波羅蜜應起四種隨修。所謂應懺悔六波羅蜜諸障，應隨喜六波羅蜜諸行，應勸請六波羅蜜法義，應以六波羅蜜迴向無上菩提；是名隨修作意。」爲了得成佛果，修行人應懺除慳吝、毀犯、瞋恚、懈怠、散亂和愚癡這些行持六度的障礙。當見到別人行持六度，亦應隨喜；時時請佛開示六度法義，並將修行六度的功德迴向眾生。

註釋

193. 五種性分別是菩薩種性、緣覺種性、聲聞種性、不定種性和無種性。不定種性是於三乘種性尚未決定。無種性即斷種性，於三乘佛法善根尚未甦醒，未能得出世的解脫。

194. 《大乘莊嚴經論勝乘甘露喜筵》漢譯者按語。

195. 《勝乘甘露喜筵》說：「樂音七品是古印度七種唱歌的樂聲。分別是六合、仙曲、繞地、中令、五合、奮志和近聞。六合如孔雀，所以表驚奇；仙曲如黃牛，所以表神異；繞地如山羊，所以表慈愛；中令如鴻雁，所以表豪強；五合如杜鵑，所以表歡娛；奮志如駿馬，所以表戰陣；近聞如巨象，所以表親和。」

196. 八種觀察相包括觀察男、女、山與森林、大海與水、衣、摩尼寶、馬、大象。

應用思考問題

1. 佛說究竟一乘，主要是想不定聲聞種性者迴小向大，不定菩薩種性則穩住在大乘修行。試依頌五十四說明。

2. 不定聲聞種性主要有兩類：未斷欲界煩惱的預流果和一來果聖人；已斷欲界煩惱的不還果聖人。前者以願力於世間入胎就可以迴小向大，修持大乘；後者則要以三昧等持力化生到來世間。試依頌五十五至五十七說明。

3. 為何彌勒菩薩說聲聞聖人即使迴小向大，但在修證成佛之路上卻悟性低，進展緩慢？試依頌五十八說明。

4. 我們把緣覺乘獨立於聲聞乘，但《大乘莊嚴經論》卻將之歸為聲聞不定種性一類；而辟支佛比佛低、比阿羅漢高，被稱為「中佛」；試依頌五十九說明。

5. 試依米滂仁波切所言，唯識宗以何理由主三乘？為何中觀主一乘為了義？你有何看法？

6. 何謂五明？大乘修行人為何要學習五明？

7. 《大乘莊嚴經論》一如其他大乘例如中觀，都主張修行以六度為核心；但修行最重視動機，如何起心動念就決定你經「思心所」見分所熏入阿賴耶識的無記種子，待緣現行時是善性抑或是惡性，甚至令力弱的無漏種子起現行。彌勒菩薩就詳列四十四種修六度之作意，俾使修行人多聞熏習，增長善根。試依頌六十一至七十三列出這四十七種作意之名。

8. 試依頌六十解釋修知因、念依、共果和信解四種作意如何
   能使善根增長。

9. 得喜作意能令行者得四種喜：障斷喜、聚滿喜、攝自他二
   利喜和正依報二果喜；試詳述之。

10. 為令修持六度圓滿，行者要隨修懺除罪障、隨喜功德、請
    佛住世和請轉法輪；試依世親菩薩《論釋》詳解之。

《大乘莊嚴經論》第32講

　　上堂提到進入實修正法前，要知道佛所說法和佛所證法重點是甚麼。這個步驟猶如沙中尋金，在浩瀚的佛法中：真如、如幻、四種能知智、染淨、唯有內識、體相、解脫、無自體、無生法忍、一乘和五明，這十一種佛所證法是尤為重要的課題。接著修行人要訓練自己在行住坐臥中恆常以大悲心修持六度。在勝解行地的修行人，因為般若無漏智未起，所以嚴格來說，所修的六度不具圓滿的意義，此時只能以世俗菩提心之四力來修六度；例如以善知識力、內心潛藏著的無漏種子力、行持福慧資糧的善根力和往昔聖賢營造出修行菩提的氣氛。「友力及因力，根力亦聞力，四力總二發，不堅及以堅」。此時的力量例如神通力很有限，所以最好以寂天菩薩在《入菩薩行》中教我們簡易地以「六度依心」的心態來修波羅蜜多。「所謂布

施是内心樂意將身體、一切財物和果位功德作爲禮物，賜給每一眾生；這就能圓滿布施；所以布施是完全依心而圓滿」。「心樂與眾生，身財及果德，依此施度圓；故施唯依心」。「需要將魚兒等有情安置到哪個地方，才令它們不受傷害呢？決意不傷害他們，完全捨棄殺盜等惡念時；就是持戒圓滿」。「逐魚至何方，始得不遭傷？斷盡惡心時，說爲戒度圓」。「頑劣的有情多得如同虛空，何時才能完全降伏呢？如果能息滅內心的瞋心的話，則等同消除了外在的一切怨敵」。「頑者如虛空，豈能盡制彼？若息此瞋心，則同滅眾敵」。「精進就是要生起一份清淨堅定行善的心意；身口縱然精勤，但內心行善之心萎弱，就不能招感勝生梵天的樂果」。「生一明定心，亦得梵天果；身口業縱善，心弱難成就」。「雖然長時期修習經論及苦行，但內心卻依然散亂，佛陀說這是毫無意義的修行」。「雖久習念誦，及餘眾苦行，然心散他處，佛說彼無益」。「若不知此心，奧秘法中尊，求樂或避苦，無義終飄泊」！「對心的本性缺乏認知，又不深入了解般若的精要；縱使努力追求快樂，避免痛苦，仍免不了無意義的輪迴。」

彌勒菩薩將六度修行的重點，放在起心動念上，若在起心動念時已能如理作意，那麼透過心識活動時種子的

熏習力，即能令心相續內的六度善根不斷增長，最後達臻福慧資糧圓滿，無漏善根成熟，自然便能見道和成佛。例如修行人依知恩、念依、共果和信解作意，數數喜歡熏習，便能輾轉熏生更多甚至無量的六度善根種子。「知因及念依，共果與信解；四意隨次第，修習諸善根」。又例如修行人要弘揚般若法門，便要數數修習淨信、領受和樂說作意，而實踐波羅蜜多時，便要多修披甲、起願和希望作意。「淨信及領受，樂說與披甲，起願亦希望，方便復七種」。此外，修行人要以正知正念隨順六度，例如布施度就能得豐裕資財，反之就得貧窮的過患，隨順持戒就感召人天之身，反之則下墮三惡道。「過惡及功德，此二亦應知」！最後，修持六度有四種稀有功德，只要肯用心去修，證得這些功德並非稀奇難事。前者是稀有想作意，後者是非稀有想作意。稀有想包括難行能行，難捨能捨的大想；要經漫長三大阿僧祇劫始能成佛的廣想；不求自利、唯求利他的不求報恩想；以無所得的心態修行，不求來世異熟果，是不期果報想。如果能做到稀有想作意，那麼斷除我執達到自他平等、得到無上菩提，一點都不稀奇；不用別人供養也能得人天樂果，一點都不稀奇；獲得超過帝釋、梵天的出世間福業，亦一點都不稀奇。「四種希有想，翻此非希有，此想亦有四」。

六十三　淨信及領受，樂說與披甲，
　　　　起願亦希望，方便復七種。

　　對六度法義生起清淨信解；然後尋求和接受六度法義，不生誹謗；歡喜地向別人宣說六度法義；發弘誓願修持無量六度法義；發願生生世世值遇師、財、身和侶四種圓滿六度之因緣；對成就圓滿無上菩提之正因──六度，歡喜行持；以隨喜功德的方法，巧妙地令自他均能圓滿六波羅蜜多。

　　八、淨信作意：「菩薩次作是念，我今應於諸波羅蜜法義起深信力持，是名淨信作意」。對六度法義生起清淨信解，就是淨信作意。

　　九、領受作意：「次作是念，我今於諸波羅蜜法義，應一向起求，不生誹謗，是名領受作意」。尋求和接受六度法義，就是領受作意。

　　十、樂說作意：「次作是念，我今應以諸波羅蜜法義開示他人，是名樂說作意」。以歡喜心向他人宣揚六度法義，就是樂說作意。

十一、披甲作意：「次作是念，我今應令諸波羅蜜滿足起大勇猛，是名披甲作意」。滿足，即圓滿；諸波羅蜜滿足，即修六度圓滿，亦即得無上菩提。為得無上菩提發弘誓願而修六度法門，就是披甲作意。

十二、起願作意：「次作是念，我今為滿足諸波羅蜜，願值滿足諸緣，是名起願作意」。「願值滿足諸緣」的意思是，希望生生世世具備修行六度，圓滿無上菩提的條件。這些條件主要包括——善知識、眷屬、暇滿人身和資用不匱。發願生生世世值遇師、財、身、侶四種圓滿六度的因緣，就是起願作意。

十三、希望作意：「次作是念，我今求正成就緣，是名希望作意」。求正成就，就是成就無上菩提。緣，指成就無上菩提的因——六度；對成就圓滿無上菩提之因——六度，內心歡喜行持。

十四、方便作意：「次作是念，我今思惟諸波羅蜜業伴方便；是名方便作意」。業伴方便，指隨喜別人行持六度，成就佛果，以隨喜功德巧妙地令自他圓滿六度，成就無上菩提。

這七種作意中，淨信、領受和樂說作意是講法時的作意；而披甲、起願和希望作意，是依波羅蜜多法門行持和教授的方法。

六十四　　勇猛及憐愍，如是二作意；
　　　　　應知二差別，一一有四種。

勇猛作意可分四類：牢固六度之力的勇猛作意、以六度成熟有情的勇猛作意、供養諸佛的勇猛作意、依止宣說六度善知識的勇猛作意。憐愍作意亦分四類：願置一切有情於六度安樂因的慈無量憐愍作意；願慳吝者遠離痛苦的悲無量憐愍作意；隨喜有情修習六度的喜無量憐愍作意和處眾宣說六度起無染心的捨無量憐愍作意。

十五、勇猛作意：「次作是念，我今應起四種勇猛爲堅牢故，爲成熟故，爲供養故，爲親近故」。「爲堅牢者六，所謂六施乃至六智；六施謂施施乃至施智」。四種勇猛作意分別是：牢牢穩得六度的力量，在修每一度時又與其餘五度息息相關（註釋197），如是穩得三十六種行持六度之力。「爲成熟者，以諸波羅蜜爲攝物方便，成熟眾生」。以六度作爲攝引成熟有情的方法。「爲供養者以檀爲利益供養，以戒等爲修行供養」。向諸佛布施以物質財

為供養，以持戒至智慧爲心意供養。「爲親近者，親近不倒教授諸波羅蜜人」。一心一意地依止教授自己六度法義的善知識。

十六、憐愍作意：可分成慈悲喜捨四類。「次作是念，我今應起四無量心，諸波羅蜜現前應起慈心，慳等現前應起悲心，他人諸波羅蜜現前應起喜心，他人信諸波羅蜜時應起無染心，是名憐愍作意」。安置一切有情於無上菩提安樂因——六度，是慈無量憐愍作意，希望慳吝者遠離痛苦是悲無量憐愍作意，隨喜有情修習六度叫喜無量憐愍作意，和處眾宣說六度法義時生起無染著心，叫捨無量憐愍作意。

六十五　有羞亦有樂，及以無屈心，
　　　　修治與稱說，此復爲五種。

對懈怠行持、邪行行持六度生起慚愧心；對專注行持六度生起歡喜心；對於行持六度時若生起退轉心視爲怨敵；指導別人閱讀有關修持六度的經論；隨順眾生根器而讚揚六度的法義。

十七、有羞作意：「次作是念，若我於諸波羅蜜懈怠

不作及以邪作，應起深慚愧等，應轉檀等不轉是名有羞作意」。應該修布施等時卻未修，或顛倒修；心生慚愧，就是有羞作意。

十八、有樂作意：「次作是念，我今於所緣波羅蜜境界，應持心不亂，是名有樂作意」。恆常不散亂地修持六度，因而內心歡喜，稱爲有樂作意。

十九、無屈作意：「次作是念，我今於退諸波羅蜜方便作怨家想，是名無屈作意」。行持六度時若心生疲厭，便視這種退心爲怨敵，叫無屈作意。

二十、修治作意：「次作是念，我今於諸波羅蜜相應諸論，應善集修治，是名修治作意」。將爲眾人宣講六度法義時，指導他們聞思相應的經論，叫修治作意。

二十一、稱說作意：「次作是念，我今爲生他解，應如其根器應讚揚諸波羅蜜法義」。因應眾生不同的根器而向他隨宜讚揚介紹某類波羅蜜多法義，叫稱說作意。

六十六　依度得菩提，非隨自在等；
　　　　過惡及功德，此二亦應知！

得證無上菩提是依靠自力修行六度，而非依靠他力如侍奉大自在天；這是依度作意。了知隨順六度的功德和毀犯六度的過患，這是應知作意！

二十二、依度作意：「次作是念，我今依止諸波羅蜜得大菩提，非依自在天等，是名依度作意」。在印度不少人認為自在天是人類的創造者；此處用作他力的萬物創造神。修證無上菩提是依靠自力行持六度，而非藉他力如自在天給你賞賜。這叫依度作意。

二十三、應知作意：「我今應知障諸波羅蜜過惡及諸波羅蜜功德！是名應知作意」。知道隨順六度例如布施度，就能得受用不匱的功德，反之就得貧窮的過失；這就是應知作意。

六十七　喜集及見義，樂求求四種；
　　　　平等無分別，現持當緣故。

想到修六度就可積習無量福慧資糧因而歡喜，這是喜集作意；了解到修六度就能成就無上菩提，因而知道修持六度具有大意義，這就是見義作意。樂求作意則可分四

種：求平等、求無分別、求現持和求未來值遇圓滿波羅蜜多之緣。

二十四、喜集作意：「次作是念：我應歡喜聚集福智二聚，是名喜集作意」。透過修持六度，可積集無量福德智慧資糧，因而內心歡喜；這叫喜集作意。

二十五、見義作意：「次作是念，我今見諸波羅蜜自性，能得無上菩提利益，是名見義作意」。若能圓滿六度修行，就可以成就無上菩提，所以修六度很有意義。

二十六、樂求作意：「次作是念，今見是利應以四求：一求平等，止觀雙修故；二求無分別，三輪清淨故；三求現持，求持能成諸度法義故；四求當緣，求未來成就諸度緣故，是名樂求作意」。有四種樂求作意；第一種求平等作意，又名瑜伽作意，為了求取六度圓滿，而修止觀雙運。第二是求無分別作意，要見道就要生起無分別無漏智，這種無分別智又名般若波羅蜜多。第三是求現持作意，希望藉著陀羅尼的力量，能憶持六度法義而不忘失；就是求現持作意。第四是求當緣作意，希望無論投生何處，皆能值遇教授波羅蜜多的善知識，這就是求當緣作意。

六十八　七非有取見，四種希有想，
　　　翻此非希有，此想亦有四。

　　分別以三解脫門和四法印斷除七種顛倒見，令波羅蜜多增長，這是見非有取作意。稀有想作意有四種：大想、廣想、不求報恩想和不期果報想。只要修持六度，就不稀奇地得四種非稀有想作意。

　　二十七、見非有取作意：「次作是念，七種非有取，我今應見；一非有為有非有取，二過失非失非有取，三功德非德非有取；四非常為常非有取，五非樂為樂非有取，六非我為我非有取，七寂滅非滅非有取。如來為對治此七非有故，次第說空等三三昧，及說四種法優陀耶」。非有取，即是根本不存在的東西卻執為實有的顛倒邪見；空等三三昧，指空、無相和無願三解脫門；佛以空來對治執非有為有的邪見，以無相對治執有過失的輪迴為無過失樂事，以無願對治執功德如涅槃為非德，例如認為入涅槃是大毀滅之邪執。四種法優陀耶即四法印，佛以諸行無常對治執非常為常之邪見，以有漏皆苦對治執非樂為樂，以諸法無我對治執非我為我，以涅槃寂靜對治執寂滅非滅四種邪見。這七種對治的作意均能令波羅蜜多增長。

二十八、稀有想作意：「次作是念，我今於諸波羅蜜，應以四種稀有想；所謂大想、廣想、不求報恩想、不期果報想」。四種稀有想分別是一、大想：修行六度要難行能行，難捨能捨。二、廣想：修六度要經三大阿僧祇劫始能成佛。三、不求報恩想：修六度不求自利，唯求利他。四、不期果報想：修般若度深明無所得的道理，不求來世的好報。

　　二十九、非稀有想作意：「次作是念，翻此稀有於諸波羅蜜亦有四種非稀有想。所謂由諸波羅蜜廣大故，能得無上菩提、能住自他平等、能不求一切世間供養、能不求過諸世間勝身勝財，是名非稀有想作意」。意思是說：如果能成就上述稀有想作意，就能得廣大波羅蜜多功德，那麼得到無上菩提，一點都不稀奇；能斷我執而修自他平等，一點也不稀奇；不須世人供養亦能得勝生安樂，一點也不稀奇；獲得超過帝釋、梵天出世間福業，亦不稀奇。

註釋

197. 例如布施給乞丐，當施與、施者和受施者眾緣和合，並實踐了布施的行為，就是布施度。以自己會吃的布施，不是以劣質或變壞的食物作布施，是為持戒度。就算乞丐再三索求也不瞋不惱的，就是安忍度。只管布施，從沒感覺到疲累的就是精進。布施時沒有被其他念頭分散，就是靜慮度。了知主體、客體和布施行為三者皆無自性，就是智慧度。同樣，持戒等其他波羅蜜多皆能依此細分。

應用思考問題

1. 試比較淨信、領受、樂說和披甲四種作意，在修習六度時程度上的深淺高低。

2. 何謂起願作意？試述能圓滿六度的四種緣。

3. 何謂勇猛作意？並詳述四種勇猛作意。

4. 詳釋堅牢勇猛作意。

5. 憐愍作意可分為慈悲喜捨四種，試詳述之。

6. 解釋名相：一、有羞作意；二、有樂作意；三、無屈作意；四、修治作意；五、稱說作意。

7. 知道修六度的功德和毀犯六度的過患是為應知作意。試列表說明隨順六度有何功德，毀犯六度有何過患。

8. 何謂喜集作意？何謂見義作意？

9. 詳細解析四種樂求作意。

10. 以三解脫門和四法印來對治七種顛倒見，從而令六度功德增長，就是非有取見作意。試詳述之。

11. 修持六度有四種稀有功德；但肯用心修六度，獲得這些功德卻非稀奇難事。試分別詳述稀有想作意和非稀有想作意。

《大乘莊嚴經論》第33講

　　上堂提到彌勒菩薩重視於身、語、意三門起心動念時，修四十四種的作意，藉以令六度善根增長。這除了說明彌勒菩薩要大家在修行上勤修寂止，精神恆常處於等持狀態外；還著重時刻開發內心六度善根種子，令之不斷熏生；積聚六度善根種子，即積累福慧資糧，是成就無上菩提的因。修行人今生積極行持六度，能預見將來生生世世增長善根，營造善緣，更會如同文殊、觀音菩薩一樣，自己圓滿六度時，亦如祂們獲得同樣的成就，因而確信修此大乘法門比二乘殊勝。「定作未來行，常觀他行滿，信解自第一，知體無上故」。

　　彌勒菩薩除了將用以增長善根的四十四種作意詳細說明外，今堂還將不同階位的修行人，例如仍在資糧位和加

行位的凡夫、初地至第七地菩薩、三淨地菩薩，將之分成三類，並把他們在尋求教法時之差別一一道出。大致來說，仍在資糧位或加行位的，稱爲勝解行地的修行人，因爲他們仍是凡夫，所以是增長求，爲長養解脫種子故；有障求，因發心尚未堅固，還要斷除很多障礙故；無身求，丁點能見法身的無漏智都沒有故；多慢求，勝解行地的修行人慢心甚重故。見道後，由初地至第七地的菩薩，由於已證二無我及自他平等，所以是上意求；由於祂們具足勝義菩提心，故能地地勝進，引發神通力伏除障礙，所以是無障求；由於無漏無分別智地地增勝，所以是得身求；由於初地菩薩斷除遍計慢心，二地至七地更漸次斷除俱生慢心，所以這些菩薩是少慢求。而三淨地菩薩是廣大求，能任運生起無漏無分別智故；還因能自在顯現神通，所以是神通求。滿身求，能圓滿以無分別智證得法身故；三淨地菩薩由第八地開始，已無遍計慢心及俱生慢心，所以是無慢求。「求法謂增長，上意及廣大，有障亦無障，及以諸神通，無身亦有身，得身及滿身，多慢及少慢，及以無慢故」。

　　菩薩歷劫精勤地於佛所說法和所證法，例如眞如、四智、三自性、無自體、唯識、諸法如幻、無生法忍中尋求正法，最終會得到甚麼功德呢？首先是能轉捨第八識

內的有漏種子成純善無漏種子。彌勒菩薩這樣說：佛所證所說法爲三十二相之因，是療癒煩惱病之因，是神通自在之因，是無盡功德如佛十力之因。「爲色爲非色，爲通爲正法；相好及病癒，自在無盡因」。第二是去除十種遍計分別，改變修行人對眞如的迷執，例如無體有體、增益損減、一體異體、自相別相、如名起義如義起名等十種迷執分別，獲得轉迷成悟的功德。「無體體增減，一異自別相，如名如義者，分別有十種」。最後，彌勒菩薩讚美這些堅忍菩薩不辭勞苦歷劫尋求教法，祂們將享有三大利益：「方便大」，了知現象和眞如，得如所有智、盡所有智；「他利大」，能以世俗諦導引眾生入勝義諦，成世間怙主；「自利大」，最終能獲如佛獨有的十力等功德，福慧如大海海水般滿盈。

六十九　離墮眾生邊，大義及轉施，
　　　　　究竟與無間，如是復五種。

　　不分親疏，安置一切眾生於六度中，名離墮作意；波羅蜜多能令一切有情得到饒益，是大義作意；以波羅蜜多施給一切有情，是轉施作意；希望眾生得菩薩地究竟、如來地究竟和利益眾生究竟，是究竟作意；任何時間也無間斷地奉行波羅蜜多，是無間作意。

三十、離墮作意：「菩薩次作是念：我今應以諸波羅蜜於一切眾生轉」。不分親疏，平等地安置眾生於六度中，叫離墮作意。

三十一、大義作意：「次作是念：我今應以諸波羅蜜廣饒益一切眾生，是名大義作意」。因為波羅蜜多能令眾生獲證無上菩提，故修六度具有重大意義。

三十二、轉施作意：「次作是念，我今所有諸波羅蜜功德願施一切眾生」。時刻都樂意將修行六度的功德布施給一切眾生。

三十三、究竟作意：「次作是念，願一切眾生所有諸波羅蜜三處究竟；謂菩薩地究竟，如來地究竟，利益眾生究竟；是名究竟作意」。希望一切眾生得三處究竟果位；得初地至十地菩薩果位，得佛地果位和成就佛位時，能恆常利益眾生。

三十四、無間作意：「次作是念，我應修習諸波羅蜜於一切時無有間斷；是名無間作意」。時刻勉勵自己不間斷地行持六度，就是無間作意。

七十　方便恆隨攝，心住不顛倒；
　　　於退則不喜，進則歡喜生。

　　發心後，決意由此刻直至無上菩提，也不捨離行持佛所教導的正法──波羅蜜多；是隨攝作意。如見自他退失波羅蜜多，就不喜悅；是不喜作意。相反，如見到眾生精進修波羅蜜多，心生歡喜；是歡喜作意。

　　三十五、隨攝作意：「菩薩次作是念；我今應住不顛倒心於佛所知，應以諸波羅蜜恆時隨攝，是名隨攝作意」。所謂住不顛倒心，是指決意；於佛所知，是指佛所說波羅蜜多法門；由發心至成佛間，終不捨離行持六度；這是隨攝作意。

　　三十六、不喜作意：「次作是念，我今於退屈諸波羅蜜者不應生悅，是名不喜作意」。對於行持六度時出現退縮，內心不悅，是不喜作意。

　　三十七、歡喜作意：「次作是念，我今於增進諸波羅蜜者應生慶悅，是名歡喜作意」。對於精進行持六度，增進善根而心生歡喜，名為歡喜作意。

七十一　相似不欲修，真實欲修習，
　　　　不隨及欲得，欲得有二種。

　　不願意修習相似的波羅蜜多，樂於修習真正的波羅蜜多；不願意追隨著慳吝等毀犯六度的煩惱；欲得初地菩薩十二類乃至第十地超過言思微塵數決定地，更欲得一生補處的授記地兩種波羅蜜多的功德。

　　三十八、不欲修作意：「菩薩次作是念，我今於相似諸波羅蜜不應修習」。所謂相似諸波羅蜜是執著人、我想生起，例如為了別人誇讚而布施，這是相似布施度。

　　三十九、欲修作意：「我今於真實諸波羅蜜應勤修習，是名欲修作意」。所謂真實諸波羅蜜，是指離相而修六度。

　　四十、不隨作意：「我今於諸波羅蜜障礙作意應斷」。不會隨順慳吝、毀犯、瞋恚、懈怠、散亂和愚癡等與六度相違的煩惱，名不隨作意。

　　四十一、欲得作意：「次作是念，我今欲得授記位諸

波羅蜜多，欲得決定地諸波羅蜜多：是名欲得作意」。決定地，指初地至十地所得波羅蜜多功德。據說由初地十二種功德數目倍增至第十地時，功德數目等於難以言詮的微塵數目。授記位，指第十地一生補處（註釋198）大士位；意即希望獲得十地菩薩和第十地最高階位一生補處行持六度的功德。

七十二　定作未來行，常觀他行滿；
##　　　　信解自第一，知體無上故。

　　預見將來生生世世都因行持六度而得無上菩提；明白到自己和十方菩薩都因實踐六度，所得的功德事業都應相同；確認到自己所修的是大乘六度，因而所獲道果都第一殊勝。

　　四十二、定作作意：「菩薩次作是念；我見當來諸趣以智方便一切波羅蜜決定當行」。修行人今生積極行持六度，便能預知未來生生世世皆會因此而繼續修持六度，增長善根；這是定作作意。

　　四十三、觀他作意：「次作是念，我今應觀十方諸大菩薩諸波羅蜜得滿足時，願我亦得滿足」。修行人與所有

菩薩都是修行六度，菩薩圓滿六度時，能獲無上菩提；自己圓滿六度時，亦應跟祂們獲得同樣的成就。

四十四、我勝作意：「次作是念，我今自信所行諸波羅蜜，於諸行中最爲第一；何以故？我觀此體更無上故」。自己確信所修持大乘殊勝六度，勝過二乘及凡夫的修行；是爲我勝作意。

到此，四十四種修六度作意說畢。

七十三　以此諸作意，修習於諸度；
**　　　　菩薩一切時，善根得圓滿。**

這四十四種修行十度時的作意，能長養善根，圓滿福慧資糧。

頌文的「諸度」，世親菩薩注釋作十度。所謂十度，是除了六度布施、持戒、忍辱、精進、禪定和般若──般若是無漏根本智外，再加上無漏後得智開出的方便、願、力和智四度，便成十度。

庚三　求法之差別

七十四－七十五　　求法謂增長，上意及廣大，

　　　　　　　　　有障亦無障，及以諸神通，

　　　　　　　　　無身亦有身，得身及滿身，

　　　　　　　　　多慢及少慢，及以無慢故。

　　對於堅忍菩薩來說，求法的方式有增長求、上意求和廣大求；以斷障方式來分：有障求、無障求和神通求；以轉迷成悟獲證法身的程度來分：無身求、有身求、得身求和滿身求；以求法時有無慢心來分：多慢求、少慢求和無慢求。

　　大致來說，資糧位、加行位等修行人是增長求，為長養解脫種子故；有障求，因發心尚未堅定，要斷除很多障礙；無身求，丁點能見法身的無漏智都沒有。只有加行位中世第一法的修行人快將有無漏智，故是有身求。多慢求，這些修行人都慢心深重。在初地至七地是上意求，證二無我及自他平等故；無障求，因有勝義菩提心故；得身求，有不斷增勝的無漏無分別智故；少慢求，初地已斷遍計慢，二地開始，俱生慢亦斷除。八地至十地菩薩是廣大求，能任運生起無漏無分別智故；神通求，任運自在地以無分別智示現神通；滿身求，能圓滿地以無分別智證得法

身；無慢求，無慢心生起。

庚四 求法所得之果

辛一 成就功德

七十六　為色為非色，為通為正法，
　　　　相好及病癒，自在無盡因。

　　堅忍菩薩求法獲得四種功德，能完善四種目標。教法
為三十二相、八十種好之因，教法是療癒煩惱病之因，教
法是神通自在之因，教法是無盡功德例如十力之因。

　　世親菩薩引《梵天王問經》說：「菩薩求法具足四
想：一者如妙寶想，難得義故；二者如良藥想，除病義
故；三者如財物想，不散義故；四者如涅槃想，苦滅義
故。」菩薩求法除離苦得樂外，還糾正對真如理的謬思，
轉迷成悟；最終成就佛色身和法身。

辛二 遠離分別

七十七　無體體增減，一異自別相，

如名如義著，分別有十種。

菩薩應斷除十種分別：無體、有體的分別，增益、損減的分別，一體、異體的分別，自相、別相的分別，如名起義、如義起名的分別。

世親菩薩說：「《般若波羅蜜經》中為令諸菩薩遠離此十種分別，故說十種對治。為對治無體分別故，經言有菩薩；為對治有體分別故，經言不見菩薩。」若執著在世俗諦中有顯現的東西為無，就是頑空；所以經說有某某菩薩例如佛經常說有觀自在菩薩、慈氏菩薩、曼殊室利菩薩而為上首，請佛說法。但相反來說，若執這緣起的東西是實有，便墮有邊；所以經中說不見有菩薩。例如《大般若經》第九會常說：「無有少法名為菩薩。」

「為對治增益分別故，經言舍利弗色自性空；為對治損減分別故，經言非色滅空」。色法雖有顯現，但並無自體；若我們以為真有色法，只是遍計所執，是於依他起性上增益分別念而已。相反來說，若有人以為可透過「一切皆空」將諸法空掉，例如四大皆空，以為透過念力可毀滅諸法，如是只墮於損減執見。

「爲對治一相分別，經言若色空非色；爲對治異相分別，經言空不異色，色不異空，空即是色」。爲了斷除對一體的分別，所以佛經說：「若色空非色，色非空。」此處的「空」字用作形容詞，解作不實在；例如火不等於熱。爲了遣除對異體的分別，佛經說：「色不異空，空不異色；色即是空，空即是色。」這一句的「空」字則用作名詞，作空性解。空色同地不異；例如火性是熱，不能離開火而有熱這回事。

　　「爲對治自相分別故，經言此色唯名；爲對治別相分別故，經言色不生不滅，非染非淨等」。以水瓶爲例，若地大堅固、水大濕潤，觸覺領受等眾緣聚合，假名安立爲「寶瓶」；所以說「此色唯名」。「寶瓶」既無，瓶是無常，「無常」這種別相分別亦是虛妄。

　　「爲對治如名起義分別故，經言：名者作故客故，如名義不應著；爲對治如義起名分別故，經言一切名不可見，不可見故，如義名不應著」。例如我們見到瓶，心內想到這是瓶，我所見到的是瓶；但其實我們所見到的只是瓶投影在眼中影像及心內浮現起「瓶」這個名；名和義沒有實質關聯，而我們只把「名」當成「義」，實際將名義混淆了。「作故、客故」，是指名言皆由我們的分別念建

構出來，不要將名與義境混淆。又例如我們喜歡以貌取人，單憑外表就判別這是好人、壞人；這是如義起名。事實上，人格好壞是不可以單憑印象而斷定的。

七十八　菩薩勝勇猛，二求得真實；
　　　　隨順諸世間，功德如海滿。

菩薩勇猛精進地尋求世俗諦和勝義諦的真實，自身功德如大海般滿溢，並因善說勝義諦而成世間怙主。

世親菩薩說：「求法有三種大。一者方便大，由最上精進求世諦、第一義諦，真實不顛倒故。二者他利大，由作世間依怙以第一義安置故。三者自利大，由一切功德如海滿足故。」菩薩精進求法，達到三大效果：第一，了知現象和本體，所謂諸法實相。第二，以世俗諦導引眾生入勝義諦（註釋199），作他們的導師。第三，自己能圓滿獲得如十力等佛一樣的功德，就如大海海水滿盈一樣。

註釋

198. 一生補處，又譯作一生所繫，十地中最高的菩薩階位；因經此生的繫縛就可成佛。由於功德等同佛，一般將佛稱為妙覺，一生補處菩薩稱為等覺。例如彌勒菩薩就是等覺菩薩。

199. 無論空有二宗，例如月稱和世親菩薩咸皆認為只有勝義諦是唯一真實，世俗諦只是聖人為導引眾生入勝義諦而施設出來的方法而已。

應用思考問題

1. 何謂究竟作意？涵蓋了哪些範圍？

2. 比較不喜作意和歡喜作意。

3. 比較不欲修作意和欲修作意。

4. 定作作意、觀他作意和我勝作意都和境、行、果中的「果」有關，試詳述及比較之。

5. 文中「諸度」有時指六度，有時指十度；究竟六度和十度有何異同？

6. 試列表說明，勝解地——凡夫修行人、初地至七地菩薩和三淨地菩薩不同的求法差別。

7. 比較有障求、無障求和神通求三類求法。

8. 比較無身求、有身求、得身求和滿身求這四類求法。同時，這裡所謂的「身」是指甚麼？

9. 試述菩薩求法所獲四種功德。依頌七十六說明。

10. 菩薩求法能斷十種妄念，試依頌七十七詳述之。

11. 菩薩求法有三種大——方便大、他利大和自利大；試依頌七十八詳述之。

《大乘莊嚴經論》第34講

　　上一章講〈述求品〉，彌勒菩薩提到修行人在進入實修前，要掌握到佛所說法和所證法的要點。這個步驟猶如沙中尋金，在浩瀚的佛法中，真如、如幻、四種能知智、染淨、唯識、體相、解脫、無自體、無生法忍、一乘和五明，這十一種佛所證法，是修行人重要的研究課題。此外，彌勒菩薩還在〈述求品〉宣說怎樣透過在身、語、意三門起心動念來隨修四十四種作意，藉以令六度善根增長；積聚六度善根種子，即積累福慧資糧，這是成就無上菩提的因。修行人今生積極行持六度，便能預知將來生生世世都增長善根，營造善緣；並將會如同文殊、觀音菩薩一樣，得到圓滿無上菩提的成就。因此確信自己修此大乘法門，確實比二乘殊勝。「定作未來行，常觀他行滿，信解自第一，知體無上故」。最後，彌勒菩薩讚美這些堅忍

的修行人，不辭勞苦歷劫尋求教法，必能獲得如所有智和盡所有智；並能以世俗諦導引眾生入勝義諦，成為眾生怙主；最終能獲佛獨有的十力功德，福慧滿盈。「菩薩勝勇猛，二求得真實，隨順諸世間，功德如海滿」。

今堂彌勒菩薩宣講大乘修行人在求法後，就要以弘法為己任。祂提醒修行人要惦記往昔諸佛對得來不易的身體、性命和資財，都能不吝地施捨給苦難眾生；而現今眾生更需要的，就是佛所說、所證法——這盞讓眾生渡過苦海的明燈。只要照亮眾生的生命，佛法這盞明燈就會一直無盡地傳承下去。「難得復不堅，愍苦恆喜施；況以法利世，增長亦無盡」。有人會質疑：在〈述求品〉已說明真如是無分別，正智是無所得；我們何需斗燈黃卷？何需登座聚眾說法？彌勒菩薩訓斥這只是墮邊擔板漢的想法。如善解佛法的話，就明白到諸佛菩薩極重視以世俗諦導引眾生入勝義諦；淺白地說，是以因明、聲明等美妙文義表達佛所證的真如境。所以弘法比起求法更能顯露出修行人的質素和能耐。「自證不可說，引物說法性」。而事實上，往昔聖賢例如結集佛經者、說法師和譯經者，他們耗盡青春，捨割俗事而皓首窮經，遺下三藏和弘法典範，目的是全面地提供末世後學一套可以完整地聞思修的方法。往昔聖賢努力成果，得來不易，我們縱使無力發揚光大，也斷

不可將傳承喪在這一代。「彼修得果故，修說非無義，但聞及不聞，修說則無理」。

我們要留意，有資格說法者，就只有諸佛和地上——起碼登初地的菩薩。所以我們應該堅持傳承和傳講龍樹、無著等被公認是地上菩薩的經論。話雖如此，事實上，這些菩薩和佛說法相比，無論在形式或內容上，高下相去甚遠。再者，凡夫吸收菩薩們的教法，亦依階位而有不同；例如下等根器凡夫，只能聞思勝解地菩薩以語言文字解說佛經；中等根器凡夫，可透過初地至七地菩薩以有形象的神通而聞法；上等根器凡夫，可透過三淨地菩薩以無相的神通而聞法。「阿含說證說，謂口謂通力，通力謂相好，餘色及虛空」。地上菩薩說法有說服力、悅意、層次分明、淺白、對應根器、不求利養、點到即止和解說詳細等特質。「不細及調和，善巧亦明了，應機亦離求，分量與無盡」。而菩薩說法內容都能兼融三乘教理，讓人容易上口入耳，所用名言概念都令人容易理解，不同根器都可以接受，充分表達出聖人的出離心和充滿八正道的氣息。「舉名及釋義，隨乘亦柔軟，易解而應機，出離隨順故」。親聞諸佛妙音，畢竟只是地上菩薩的事，福薄的眾生惜只能藉世親菩薩在《論釋》中，引《佛祕密經》所說佛之六十妙音支分，思慕見法身佛、能聞報身佛說法之

情。「聲有六十種，是說如來事」。不過我願分享這個經驗：「單憑讀誦持念這六十妙音支分之名，足令心輕安、身輕安生起。」

第十三　弘法品

己二　對眾生傳講聖法：〈弘法品〉

庚一　應無慳傳講聖法之理

一　難得復不堅，愍苦恆喜施，
　　況以法利世，增長亦無盡。

　　堅忍菩薩對世間終歸壞滅卻得來不易的身體、性命和資財，尚因大悲心而歡喜地布施給苦難眾生，何況教法不難獲得，以之利益世間，更能無窮盡地增長，所以菩薩不應慳吝以法施眾。

　　彌勒菩薩先比較兩種布施內容：難得易壞的財施，例如身體、性命和受用資具，雖易壞滅，但得之不易；在尚有佛法的年代，易得且能無窮地增長的法施；堅忍菩薩是會將這兩種東西都布施給眾生。

庚二 宣傳聖法的必要

二　自證不可說，引物說法性，
　　法身寂滅口，悲流如蟒吸。

　　由於佛不能以證真如時所用的無分別根本智說法，所以只能施設各種方便來向眾生描述真如境界。就好像巨蟒用毒液麻痺獵物，讓牠們平靜地墮入張開的大口一樣，佛以慈悲為方便，攝引眾生進入寂滅的真如法性內。

　　薩迦派無著賢論師（1295–1369）在《大乘經莊嚴論寶鬘疏》解釋這句頌文說：「以佛所證之法體不能向他宣示故未說，若謂何故，以彼是各別自證之智所證之法故。若有謂：然則說法成無義？答：非也。譬如，有一名叫『無睡』之龍王，身極廣大，於彼睡時所流甘涎，諸牛等由想『此是水也』而趨前往，以是被其甘涎所淹，龍王醒矣吸回口水，由此眾生靈亦入其口中。如是大悲主 —— 如龍王之諸佛，以甘涎般之如理說法 —— 十二分教法，普引諸所化士夫入教法所辦利益之中。次第由自寂靜之口，法身以二障習氣等清淨故，成清淨廣大，以及與一切佛等同，於輪迴未空之際成無盡莊嚴及安立故，（說法）是有

意義的。」（註釋200）

三　彼修得果故，修說非無義，
　　但聞及不聞，修說則無理。

　　瑜伽行者聞思佛所說法而修止觀，得證殊勝果；所以
瑜伽行者之修行與大覺世尊所說教法，兩者都並非無用。
相反來說，若只聞法而不用修行可證真實，修行便成無
用；若只盲修瞎煉而不聞法，則教法亦變得無用。

庚三 說法的方式

辛一 菩薩說法的方式

壬一 菩薩說法方式的分類

四　阿含說證說，謂口謂通力，
　　通力謂相好，餘色及虛空。

　　勝解地菩薩透過說話來宣說經論，已證真如的初地至
七地菩薩透過色法等相狀來說法，任運顯現神通的三淨地
菩薩透過虛空說法。

壬二 說法意義善妙

五 無畏及斷疑，令信亦顯實；
**　　如此諸菩薩，說成就應知。**

　　菩薩具有多聞，故得無畏；大慧，故能斷疑；不依名利，故令他信受；通達世俗諦和勝義諦，故能顯實；由這四點功德，便知祂能說法成就。

　　世親菩薩引《梵天王問經》說：「菩薩四法具足則能開於廣大法施。何等為四？一者攝治妙法，二者自慧明淨，三者作善丈夫業，四者顯示染淨。」意思是：菩薩多聞經義，所以無畏地開說法義；自己對法義不生疑惑，所以能斷他疑；自己不求名利，只做好「善丈夫業」本份，所以令別人信受；自己能通達世間、出世間染淨法，故能引領眾生導入勝義諦。

六 美語及離醉，無退無不盡，
**　　種種及相應，令解非求利，**
**　　及以遍教授，復次成就說。**

菩薩說法內容具備柔順、離慢、無疲厭、清晰、不會重覆、合理、易明、非求財利和廣博，九種圓滿功德。

世親菩薩說：「美語者，他瞋罵時不惡報故。」菩薩弘法時雖受質疑反駁，但不出惡語，說法柔順。「離醉者，醉有二種；一他稱讚時醉，二自成就時醉；謂家色財等成就生愛喜故，離者如此二醉於心滅故」。醉，指驕矜，菩薩雖受人恭維，但離於驕矜。「無退者，不懈怠故」。說法時雖身心疲累而不生厭心。「無不盡者，離於法慳一切說故」。說法時很清晰，不會含糊其辭。「種種者，不重說故」。說法內容不會重覆。「相應者，不違現比量故」。說法內容依據正確知識和邏輯，合乎正理。「令解者，字句可解故」。說法淺白易解，令人容易明白。「非求利者，不為財利令彼信故」。說法菩薩遠離貪求恭敬利養之心。「遍教授者，被三乘故」。說法菩薩精通三乘教理，學識廣博。

壬三 說法詞句善妙

七　不細及調和，善巧亦明了，
　　應機亦離求，分量與無盡。

菩薩說法時富說服力，悅意，層次分明，淺白，對應根器，不求利養，點到即止和解說詳細。

世親菩薩說：「不細者，遍徒眾故。」說話有力，令每個徒眾信服。「調和者，悅可意故」。說話令人覺得悅耳。「善巧者，開示字句分明故」。說話層次分明，不含糊。「明了者，令易解故」。以口語宣講，令人易解。「應機者，隨宜說故」。因應聽眾的根器而說法。「離求者，不依名利說故」。說法內容，沒有絲毫商業成分。「分量者，樂聞無厭故」。說話點到即止，不會令聽眾煩厭。「無盡者，不可窮故」。話題全面，並能詳加解說。

八　舉名及釋義，隨乘亦柔軟，
**　　易解而應機，出離隨順故。**

當菩薩總結和演繹義理時，兼融三乘教理；讓人容易上口入耳；所用名言概念令人容易理解；不同根器都可以接受，充分表達出聖人出離世間之情和隨順八正道而說。

所謂「舉名」，是抓住要點，總攝義理；所謂「釋義」，是演繹義理。世親菩薩說：「隨乘者，隨乘諸字句不違三乘故。」文句都隨順三乘施設。「柔軟者，離難

諸字句不違於聲故」。文句通順，容易上口入耳。「易解者，聚集諸字句得義易故」。所用字句都令人容易理解。「應機者，應物諸字句逗機宜故」。不同程度不同根器都隨宜接受。「出離者，不在諸字句向涅槃故」。詞句令信眾聞法後內心嚮往涅槃解脫。「隨順者，正行諸字句隨順八支聖道故」。所用文詞都能隨順八正道而說。

辛二 佛陀傳法之方式

九　菩薩字成就，如前義應知，
　　聲有六十種，是說如來事。

　　上述就是菩薩說法的方法和成就，而佛陀說法的妙音無量，而且不可思議；然若歸納起來，當知如《佛秘密經》所說，有六十妙音支分。

　　世親菩薩說：「如來有六十種不可思議音聲，如《佛秘密經》中說，寂靜慧如來具足六十種聲語。」今人北塔夏壩活佛依藏文本重譯世親菩薩註釋；重新訂定六十妙音名稱，較舊譯圓滿，故依此解釋六十妙音支分。（註釋201）

一、潤澤聲者，佛語能長養一切有情善根。

二、柔軟聲者，聽佛語能令生起樂觸。

三、可意聲者，宣說善法，內容令人悅意。

四、意樂聲者，佛語都是諸天所說之語句。

五、清淨聲者，佛語都是斷二障後以後得智所說；故佛說的都是離垢清淨語。

六、無垢聲者，遠離一切煩惱隨眠習氣。

七、明亮聲者，佛以世間顯明易解字句說法。

八、善力聲者，佛語具有破外道邪見之威力。

九、樂聞聲者，依佛語修持可出離輪迴。

十、不絕聲者，一切外道不能摧毀佛語。

十一、雅悅聲者，眾生當聽聞佛語，內心即時歡喜。

十二、調伏聲者，能對治貪等煩惱。

十三、無刺聲者，「刺」，指外道苦行令人產生痛苦；佛依中道制訂戒律，徒眾修行合理化、人性化。

十四、不澀聲者，佛透過懺悔和防護，令犯戒者得以還淨。

十五、善調聲者，佛依根器分別宣說三乘教法，調伏一切種性。

十六、悅耳聲者，佛語非常動聽，令人專心洗耳恭聽，不生散亂。

十七、身猗聲者，佛語能引發聽者身輕安。

十八、心了聲者，透過佛語能令內心引發毘鉢舍那。

十九、心喜聲者，透過佛經才能釋疑解惑，令心歡喜。

二十、喜樂生聲者，眾生能得所謂喜生聲、樂生聲，是故佛語能拔除眾生內心邪執的緣。

二十一、無熱惱聲者，依佛語修持確能得勝生安樂，定善解脫；真實不虛，故無後悔；不生煩惱。

二十二、能持智聲者，依佛語能圓滿聞所成慧。

二十三、能持解聲者，依佛語能圓滿思所成慧。

二十四、不隱覆聲者，佛不會慳法而隱藏說法。

二十五、令歡喜聲者，佛語能利益小乘四果、大乘十地等聖賢，令祂們得歡喜。

二十六、令欣樂聲者，古譯為渴仰音；佛語能利益世間凡夫，令他們對解脫心生仰慕。

二十七、令解聲者，以無漏無分別智或三十七菩提分法所證的真如境界，均為不可思議。惟佛語始能詳細解釋該等教法，而只有佛語始能正說不可思議境界；所以古譯為教敕聲。

二十八、令了聲者，佛能開示蘊界處等可見的現象界教法。

二十九、如理聲者，佛語不違反世人獲得知識的手段——現量和比量。

三十、有益聲者，佛語適合所化眾生的根器，令其得益。

三十一、離重聲者，從很多不同角度宣說一個義理，例如五蘊無我，六界無我。

三十二、獅子聲者，如獅子吼能令百獸驚怖，佛語亦能令邪魔外道驚怖。

三十三、象聲者，天象誃瓦繞那的聲音遠離哽咽、沙啞，佛語亦如天象聲般遍滿眷屬之間。

三十四、雷聲者，佛語深厚，遠聽不小，近聞不大；遠近等同。

三十五、龍聲者，龍王說話悅耳穩妥，令一切水族信服；佛語亦令一切眾生信受。

三十六、緊那羅聲者，傳說緊那羅歌聲在一切眾生中最動聽；故比作佛聲。

三十七、迦陵頻伽聲者，迦陵頻伽又名妙音鳥，其音一觸人的耳根，即能令人專注傾聽，其音消逝則願再聞；同樣，佛語令人聽過後又欲再聞。

三十八、梵聲者，梵，指大梵天王，其音悠揚流暢；佛語無短促斷續，悠揚遠播，能傳遠方。

三十九、共命鳥響音聲者，根據印度風俗，當求願者聽到共命鳥聲必當滿願。所以共命鳥響音被視為成辦吉祥的徵兆。而佛語是世、出世間成就的吉祥徵兆。

四十、天王聲者，天王指帝釋天，祂是掌控凡間的天王，凡夫都不敢觸犯天威。佛語亦一樣，所制戒律，無人膽敢違越。

四十一、天鼓聲者，傳說帝釋天與修羅王對戰時，帝釋以福德感生天鼓，奏響時，修羅王聞聲逃跑，帝釋大獲勝利。如是佛初轉法輪時，諸魔敗退。

四十二、不高聲者，當佛說法時，雖受人天禮讚，但佛語仍無高慢。

四十三、不低聲者，當佛說法時，雖受邪魔外道等譏毀，但不怯弱。

四十四、入一切聲者，世親菩薩說：「入一切聲者，入毗伽羅論一切種相故。」梵語「毗伽羅論」譯作聲，意即佛語能超越時空，以聲音來表達三世一切諸法。

四十五、離不正聲者，「不正」，指因失念而令說話語句不全；佛以正知正念說法，故所說法義完整。

四十六、應時聲者，佛語在任何時候都能利益眾生。

四十七、無羞聲者，佛語能令人遠離希求利養。

四十八、不怖聲者，佛說法時令眷屬不為邪魔所怖。

四十九、歡喜聲者，佛語令聞者唯生歡喜。

五十、隨捨聲者，世親菩薩說：「一切明處善巧入故。」意思是：佛語通達一切所知法，故令聽眾內心沒有疑惑而處於寂靜狀態。「捨」，指行捨，經過心平等、心

正直和心無功用三個階段而達致寂靜狀態。

五十一、善友聲者，世親菩薩說：「一切眾生利成就故。」佛語能利益一切眾生。例如聽眾中有煩惱的令斷，無煩惱的令知教義。

五十二、常流聲者，佛法薪火相傳不斷，佛語亦恆常流播。

五十三、嚴飾聲者，佛語由種種美妙字句顯示。

五十四、滿足聲者，佛以一音說法，隨類眾生都能各聞其聲。

五十五、眾生根喜聲者，佛以一音說法，所化眾生各隨類而心開意解，從而歡喜奉行。

五十六、不毀訾聲者，世親菩薩說：「如所立義信順故。」意思是：佛所說法都經過自得實證，一切有情不能質疑誹謗。

五十七、不增減聲者，世親菩薩說：「應時量說故。」佛準確掌握教化時機，不會讓所化眾生忘失其利。

五十八：不躁急聲者，佛說法時不會急促過快。

五十九：遍一切聲者，無論遠近，徒眾都能適中清晰地聽到佛音。

六十：一切種成就聲者，世親菩薩說：「世間法義皆譬喻令解故。」佛說法無礙，事物為例，彰顯法義。

註釋

200. 見寶僧譯《大乘經莊嚴論寶鬘疏》頁340。

201. 夏壩活佛在微博文章《大乘莊嚴經論》所述如來六十支妙音新譯中第11和16同為悅耳聲，我將第11項的聲改為雅悅聲。有些新譯仍未能盡義者，我沿用世親菩薩舊譯補充之。

應用思考問題

1. 為甚麼修行人不應慳吝法施，要多向別人介紹佛法？試依頌一說明。

2. 佛以無分別智體證真如，由於無分別智是遠離人類心識活動和語言概念；而另一方面，佛又要導引眾生證悟這個境界，所以說法時不得不借助語言。而事實上，佛已巧妙地以筏喻解釋我們學法初期需要語言概念，終則必須放下語言概念的執著。試依頌二解釋說法依靠語言概念的必要性。

3. 佛經多以筏喻說明學佛初則依語言概念，到要自證真如時就必要放棄語言概念。而在本論中，彌勒菩薩則以蟒蛇──無睡龍王攝食為喻。試引無著賢論師所說，解釋「悲流如蟒吸」一句。

4. 聞思佛說和親修證果相輔相成，缺一不可；試依頌三說明。

5. 無論求法或說法，菩薩均可分作三等，勝解行地的凡夫菩薩，初地至第七地菩薩和三淨地菩薩，而不同階位的菩薩說法方式各異。試依頌四詳說這三類菩薩不同的說法方式。

6. 菩薩說法成就有何功德？依頌五說明。

7. 菩薩說法內容有哪九種功德？試依頌六說明。

8. 菩薩說法文句有何特色？試依頌七說明。

9.　菩薩在演繹和歸納教法時有何特色？試依頌八說明。

10.　《佛秘密經》以六十妙音支分形容佛語，試略述之。

《大乘莊嚴經論》第35講

　　上堂提到彌勒菩薩希望修行人要惦記著，往昔諸佛對得來不易的身體、性命和資財都不吝地施捨給苦難眾生；而現今眾生更需要的是佛所說、所證法——這盞讓眾生渡過苦海的明燈。只要眾生的生命需要被照亮，佛法這盞明燈就會一直無盡地傳承下去。「難得復不堅，愍苦恆喜施；況以法利世，增長亦無盡」。另一方面，瑜伽行者聞思佛所說法，並依之修止觀，便得證殊勝妙果，所以瑜伽行者之修行和大覺世尊所說教法，兩者並非無用。相反來說，若只聞法而不用修行就可以證得真實，修行便成無用；若只修行而不聞法，那麼教法亦變得無用。「彼修得果故，修說非無義，但聞及不聞，修說則無理」。

　　今堂，彌勒菩薩提到由於佛已無煩惱，所說法都是清

淨地離於一切過患，所以佛法都是無上和完美。「懈怠及不解，拒請不開義，及以不斷疑，斷疑不堅因，厭退及有吝，如是八種過；諸佛無彼體，故成無上說」。此外，彌勒菩薩又指出，佛法本身具足三善、二妙和由二妙引發能引領眾生導入涅槃的四種功德。三善，是初聞佛法生起淨信，中善生起歡喜，後善生起智慧。二妙，指義正和語巧，由於佛能以美妙文句導引眾生由世俗諦領悟勝義諦，所以能引領眾生獲得涅槃之獨特、圓滿、清淨和潔白四梵行功德。「此法隨時善，生信喜覺因，義正及語巧，能開四梵行」。接著，彌勒菩薩指出：諸佛都是隨順所化眾生的根機意樂而宣說教法；所以修行人若不能聽出佛所說的弦外之音，亦會錯誤顛倒地理解佛法，亦因而不了解真實。事實上，佛之所以要用密意和意趣來說法，主要是對治眾生八種性格缺點。例如對治輕佛者會說：「往昔毗婆尸佛即我身是。」對治輕法者會說：「由曾供養恆河數諸佛，始得大乘之證悟也。」對治懈怠障者會說：「若人發願生阿彌陀佛淨土，彼等當生彼處也。」對治少知足自滿障者有時讚嘆布施，有時毀訾布施。對治貪行障者會說：「諸佛國土極妙樂事。」對治慢行障者會說：「或有佛土最勝成就。」對治悔行障者會說：「或有眾生於佛菩薩起不饒益事，得生善道。」對治不定障者會說：「諸佛授記聲聞當得作佛。」

我們要特別留心四種密意中的轉變密意。當佛在特殊情況下，為了讓聽者明白本意而說與本意相反的反話，例如佛經說：「不堅堅固解，善住於顛倒，為煩惱所惱，速得大菩提！」對一些冥頑不靈、死不悔改的人，佛為了讓他明白顛倒和煩惱帶給自身的禍害，顛倒和煩惱明明是壞東西，佛卻說成是「速得大菩提」的好東西，這顯然是調彼伏彼的方法；當我們讀到這些反話，就要特別小心，千萬不要只看表面文字而按照這些反話修行。而在四種意趣中，我們同樣要留意補特伽羅意樂意趣。例如佛對一些凡夫修行人，他們以行持布施作修行第一步，這時佛便讚嘆布施。但已修行一段日子，這些人還未了解只有以智慧對治無明才能得到解脫的道理，於是佛便改口說以恆河沙數般行持布施，遠不及受持讀誦佛經，例如《般若經》中四句偈的福德廣大。當我們讀到這些佛法時，就要知道得無上菩提要福慧二資糧，缺一不可。同時還要讚嘆佛以大悲心說法，就算聞者是愚蒙凡夫，佛也孜孜不倦、循循善誘他們逐步邁向勝生安樂、定善解脫的成佛目標。這才堪稱讀懂佛經的修行人。

十　開演及施設，建立並總舉，
　　別說與斷疑，略廣皆令解。

佛說法有八個特點，分別是通過語言來表達，以合乎真理的見解來施設，以總說來建立教旨，以廣說來分開演繹，為聽眾斷疑，以問答形式令聽者明解，遇利根者舉要略說，遇鈍根者則反覆廣說。

　　這八個佛說法的特點，可歸納成說者、說法和受者三個部份。開演和施設，是指說者；中間建立、別說、斷疑、令解四種是如何說法；後二者鈍根、利根屬為誰說。

十一　說者及所說、受者三輪淨，
　　　　復離八種過，說者淨應知。

　　佛以說者、所說及受者三輪清淨來說法，故極具利益。此外，佛說法遠離八種過患。

　　質疑：說法有哪八種過患呢？

十二、十三　懈怠及不解，拒請不開義，
　　　　　　　及以不斷疑，斷疑不堅固，
　　　　　　　厭退及有吝，如是八種過；
　　　　　　　諸佛無彼體，故成無上說。

八種過失中前六種分別是：一、由懈怠而不說法；二、由於自己未證，所以不能令人信解；三、不開演說法之緣；四、只輕輕帶過，不詳細廣說，抉擇正理；五、不能盡釋聞法者內心所有疑惑；六、未能溫故知新，一再斷疑。其餘兩點：七、對退怯者不能一再而說；八、因慳吝故不圓滿說法。

庚四 所傳聖法之自性

辛一 總說所傳聖法之體相

十四　此法隨時善，生信喜覺因，
　　　義正及語巧，能開四梵行。

　　佛法具足三善、二妙和由二妙引發的四種功德等福善。三善，是初善生起淨信、中善生起歡喜和後善生起智慧。由於佛能以美妙文句導引眾生由世俗諦領悟勝義諦，所以能引發出獨特、圓滿、清淨和潔白四種能引入涅槃的功德。

　　世親菩薩說：「隨時善謂初中後善；如其次第，聞思

修時為信因故，為喜因故，為覺因故。為覺因者，定心觀察此法道理得如實智故。」所謂「隨時善」，是指初善、中善和後善；分別指修行人聞思修佛法得淨信，繼而心生歡喜，最後引發無漏智。「義正謂善義及妙義，與世諦第一義諦相應故；語巧謂易受及易解，由文顯義現故。由此故能開示四種梵行。」而佛法經善知識以淺白文句導引信眾，藉由世俗諦導引勝義諦，例如藉著完成世間「善義」的勝生安樂，而達致出世間「妙義」的定善解脫；在這傳承佛法過程中，彰顯出成佛之道具有「獨特、圓滿、清淨和潔白」四種功德。

何謂四梵行呢？

十五　不共他相應，具斷三界惑，
　　　　自性及無垢，是行為四種。

佛法有異於外道修持，同時沒有其他宗派能與之相提並論，故為獨特；佛法能熄滅三界所有煩惱，故為圓滿；佛以無漏後得智說法，故佛法本質清淨；修持佛法能令眾生離垢清淨，故為潔白。

世親菩薩說：「四梵行者，一者獨、二者滿、三者

清、四者白。不共他相應者是獨義，由此行不共外道同行故。」為甚麼由二妙生起這四種功德稱為四梵行呢？梵，在此指涅槃。淺易的說，二妙可導引眾生得入涅槃。由於佛道與其他宗教修持不同，所以是獨特的。「具斷三界惑者是滿義，由此行具斷三界煩惱故」。是指佛法能熄滅三界所有煩惱，所以是圓滿。「自性者是清義，由此行是無漏自性淨故」。佛以無漏後得智說法，故佛法是自性清淨。「無垢者是白義，由此行在漏盡身種類得無垢淨故」。漏盡身指涅槃，修行佛法令我們得離垢清淨，所以佛法是潔白。

　　彌勒菩薩已開示了佛法的本質，接著開示法節。「節」，指起關鍵作用的環節，在古譯中，「節」亦可解作「結」，解節就是解除重大的疑團。真諦法師就將《解深密經》翻譯成《佛說解節經》，凸顯出這經是佛為了解答成佛修行上的疑團而說。後人將「節」新譯為「密意」，指佛為因應根機，秘密地在特殊環境下啟發個別弟子。米滂仁波切說：「諸佛隨順所化眾生的根機意樂而宣說佛法，故有許多內容是以密意與意趣的方式宣說的，若對彼等密意不能如理了知，則會導致僅持表面的句義，而不了知真實了義，而且亦會錯誤顛倒地受持有密意的不了義及句義。」

辛二 別說密意、意趣

壬一 宣說四種密意

十六、十七　　所謂令入節，相節對治節，
　　　　　　　　及以祕密節，是名為四節。
　　　　　　　　聲聞及自性，斷過亦語深，
　　　　　　　　次第依四義，說節有四種。

　　諸佛說法不離四種密意——令入節：趣入密意；相節：性相密意；對治節：對治密意和祕密節：轉變密意。為令聲聞趣入大乘便說色等外境有，這是趣入密意。為遣除實執，所以說一切法無自體，這是性相密意。為調伏一切有情八種障礙的過失而說，這是對治密意。為了讓冥頑不靈的人明白本意，故意說與本意相反的反話，這是轉變密意。

　　佛說法運用了深淺四層的密意，分別是入門的趣入密意；關乎真如的性相密意；為治癒眾生障礙的對治密意，和為了讓人明白本意而故意說與本意相反的反話，所謂轉變密意。

世親菩薩說：「令入節者，應知教諸聲聞於法義令得不怖，說色等是有故。」為了令聲聞人證果而說一切法實有；「令入節」，新譯為「趣入密意」。「相節者，應知於分別等三種自性：無體、無起、自性清淨，說一切法故」。「分別等三種自性」，指分別性、依他性和真實性（註釋202），新譯為遍計所執自性、依他起自性和圓成實性。為了以世俗諦導引眾生入勝義諦，佛說三自性：遍計所執性無體，依他起性無生，圓成實性自性清淨。「相節」，今譯為「性相密意」。「對治節者應知依斷諸過對治八種障故，如大乘中說：『受持二偈得爾所功德！』皆為對治故說」。為了對治和斷除眾生輕佛、輕法、懈怠、少知足、貪行、慢行、悔行、不定等八種障礙，佛於大乘經中說如果能讀誦受持兩首偈頌——分別是指下文頌十九和頌二十，從而遠離八種障礙，就可得大乘十種功德。「對治節」，今譯為「對治密意」。「秘密節者，應知依諸深語由回語方得義故」。為了讓人明白本意，故意說與本意相反的反話。「秘密節」，今譯為「轉變密意」，世親菩薩又引用一句大乘經偈為例：「不堅堅固解，善住於顛倒，為煩惱所惱，速得大菩提！」顛倒見是遍計無明，煩惱是俱生無明，這兩種無明都令我們流轉生死，不能獲得無上菩提。佛就是為了讓那些冥頑不靈、死不悔改的人

能明白顛倒、煩惱是壞東西；故意將它們說成是好東西，這純是調彼伏彼的方便；後人凡讀到這些反話，都應特別小心；不要依這些反話來修行。

接著，彌勒菩薩開示四種法意，新譯為四種意趣。

壬二 宣說四種意趣

十八　平等及別義，別時及別欲；
　　　依此四種意，諸佛說應知。

應知諸佛說法依於四種意趣：平等意趣、別義意趣、別時意趣和別欲意趣。

意趣，指思想旨趣，即佛說法時除了表面的文字，還影射其他含義。世親菩薩說：「諸佛說法不離四意；一平等意，二別義意，三別時意，四別欲意。」新譯例如《攝大乘論》分別譯為平等意趣、別義意趣、別時意趣、補特伽羅意樂意趣。「平等意者，如佛說：『往昔毗婆尸佛即我身是』，由法身無差別故。如是等說，是名平等意。」謂往昔諸佛轉依時，同以真如為自性身，所以說佛體平等。所以說過去毗婆尸佛即是現在釋迦牟尼佛，並非妄

語；佛說這話的目的是希望眾生證入勝義菩提心（註釋203）。「別義意者，如佛說：『一切諸法無自性故無生故』；如是等說，是名別義意」。佛表面上闡述諸法，即世俗；但實際上祂要聽眾集中注意勝義諦無生、無自性之體性。「別時意者，如佛說：『若人願見阿彌陀佛，一切皆得往生。』此由別時得生故是說。如是等說，是名別時意」。對未能積集足夠善根的修行人（註釋204），佛只好這樣鼓勵他們種下善因：「若人發願往生阿彌陀佛剎土，僅僅發願定得往生！」（註釋205）其實這些修行人要在自己善根成熟的未來或他生，才能往生。「別欲意者，彼人有如是善根，如來或時讚嘆或時毀訾，由得少善根便為足故。如是等說，是名別欲意」。「別欲意」，新譯為「補特伽羅意樂意趣」，例如佛對一些剛開始修持六度的凡夫修行人，為了令他們繼續布施善行，便讚頌布施；但對那些已修行了一段日子的，若認為廣行布施便足夠，就可圓滿佛法的要求；佛就呵責他們，說布施只能招感下世資用不匱，要持戒才能招感暇滿人身。這些導引凡夫一步步由淺入深的佛語，就是補特伽羅意樂意趣。

為甚麼佛要以四種密意和四種意趣來說法？為了對治眾生修行時出現的八種障礙，佛用了調伏對治的方法，旨在利益眾生。

壬三 宣說八種對治密意及其功德

十九、二十　　輕佛及輕法，懈怠少知足，
　　　　　　　貪行及慢行，悔行不定等；
　　　　　　　如是八種障，大乘說對法，
　　　　　　　如是諸障斷，是人入正法。

　　為了斷除眾生修行時產生輕佛、輕法、懈怠、自滿、貪行、慢行、悔行和不定這八種障礙；佛因此以四密意、四意趣來說大乘法門，導引他們進入正法。

　　世親菩薩說：「此二偈顯示大乘斷障功德」。「爲對治輕佛障故，大乘經說：『往昔毗婆尸佛即我身是。』」毗婆尸佛是過去佛；於圓滿劫，當時人壽八萬歲，眾生具足福德。而作爲現世佛的釋尊處於賢劫，人壽百歲；眾生福德遠遜於前者。此話的意思是佛佛平等，諸佛轉依時皆以眞如爲自性身；所以眾生應這樣想：「毗婆尸佛即我本師，無有差別。」

　　第二「爲對治輕法障故，大乘經說：『由曾供養恆河數諸佛，始得大乘之證悟也。』」用意爲令眾生明白要很

有福慧，才能信奉大乘。例如大乘般若法門爲諸佛共說共證，但末世眾生很難相信這樣有特色的法門。佛在《能斷金剛般若波羅蜜多經》說，在末世仍能堅信行持般若法門的人，過去世一定承事供養過無量諸佛。

　　第三「爲對治懈怠障故，大乘經說：『若有眾生願生安樂國土，一切當得往生，稱念無垢月光佛名，決定當得作佛。』」所謂懈怠，是指懶於修行善行、斷除惡事，這些人做事拖泥帶水。但佛仍以別時意趣勉勵，教他們專心念佛，不要虛耗暇滿人身；例如說：「若人發願生阿彌陀佛淨土，彼等當生彼處也。」以此念佛因緣，未來往生極樂，現世亦因專心念佛而去除散亂。

　　第四「爲對治少知足障故，大乘經有處讚嘆檀等行，有處毀訾檀等行。」少知足，即得到些少成就便自滿，有些人以爲能財施別人，便以爲自己是個合格的佛教徒，於是佛對他說「布施劣於持戒」而詐現呵斥。

　　第五「爲對治貪行障故，大乘經說：『諸佛國土極妙樂事！』」有些眾生貪欲特強，佛會向他們說佛土有無量財富，只有福樂，沒有痛苦。

第六「為對治慢行障故，大乘經說：『或有佛土最勝成就！』」有些眾生因擁有美貌、財富而驕矜；佛便說報土圓滿，令他們放棄有漏低俗世間福樂，而讚嘆佛土無漏稀有殊勝。

第七「為對治悔行障故，大乘經說：『或有眾生於佛菩薩起不饒益事，得生善道。』」或有人因往昔無知而曾傷害過佛；因而整日後悔，甚而不思長進。佛於是說：「雖曾傷害佛菩薩的人亦可往生善趣！」如是他們放下憂悔，積極行善。

第八「為對治不定障故，大乘經說：『諸佛授記聲聞當得作佛！』及說一乘。」為令聲聞不定種性迴小向大；及令菩薩不定種性堅忍不退，故說聲聞最後終證佛果；及宣揚「唯是一乘而無別二也」。

註釋

202. 三自性學說，見彌勒菩薩在本論〈述求品‧頌三十八至四十一〉略說。另〈述求品‧頌十三〉，世親菩薩在論釋中亦有註釋。

203. 見本論〈發心品‧頌九〉，世親菩薩論釋。

204. 一般來說，往生淨土要四因成熟，即明觀西方世界、積習七支佛事資糧、發菩提心和善根迴向。

205. 如無著賢論師所說：「若人發願生阿彌陀佛淨土，彼等當生彼處也。」「用意者，為示於長時中如是成就」。意思不是今生往生，而是終有一天待善根成熟，便得往生。

應用思考問題

1. 從現存佛經例如《大般若經》、《解深密經》都看到佛說法極全面，試依頌十說出佛說法的八個特點。

2. 佛說法勝過勝解地和十地菩薩，原因是祂是完全清淨者，更重要的是祂離於說法八種過失。試依頌十一及十二說明。

3. 佛法本質就是福善；具足三善、二妙和二妙引起的四種功德。試依頌十四、十五說明。

4. 佛的偉大不只是能說法，祂還能遷就各人根器而方便說法。所謂方便，就是佛以四種密意和四種意趣，透過聲東擊西來刺激聞法弟子深入思考，最後獲益。試簡略解釋四種密意和四種意趣。

5. 為何古譯密意為「節」？四種密意中最惹人誤解且最深奧的是轉變密意，試依世親菩薩的解釋和例子說明。

6. 四種密意包括入門的趣入密意、關乎真如的性相密意、為治癒眾生障礙的對治密意和為了讓人明白本意而故意倒說與本意相反的反話，所謂轉變密意；試依頌十六、十七、十九和二十說明。

7. 何謂意趣？試依頌十八略釋四種意趣。

8. 四種意趣中最有意義的是別時意趣。佛對於那些懈怠習氣特重的人，就以別時意趣教他們念佛，聲稱只要念得一心不亂，臨終時西方聖人就會來接引他往生。我們要知道生

西最重要的有所謂四因：明觀西方世界、積習善根、發菩提心和善根迴向。這些懈怠的人今生連丁點資糧都未能積聚，怎能臨終生西呢？話雖如此，但若此人堅定念佛，於未來世，資糧一旦具足時，終得往生。試依世親菩薩和無著賢論師所說解釋。

9. 四種意趣中最容易令人誤解的是補特伽羅意樂意趣，例如佛會一時讚嘆布施，另外一時反會說布施劣而持戒勝。試依世親菩薩所說解釋。

10. 試依頌十九和二十解釋佛如何為對治眾生八種障而以對治密意對治之。

《大乘莊嚴經論》第36講

　　上堂提到若修行人能斷除輕佛、輕法、懈怠、自滿、貪行、慢行、悔行和不定這八種障礙，這人就是智者，同時亦能成就十種功德：一、六度善根迅速增長；二、命終時殊勝喜悅；三、依所願而投生；四、能憶宿命；五、每期生命皆值遇諸佛；六、能追隨諸佛學習大乘；七、對大乘佛法具增上信根；八、對大乘佛法具增上慧根；九、遠離煩惱障和所知障；十、速證無上菩提。

　　接著，彌勒菩薩在〈隨修品〉介紹菩薩經歷四個階位：資糧位、加行位、見道位和修道位的大概情形。首先，在資糧位菩薩修行人，雖只能透過聞思佛經而尚未生起無漏智，但卻能勝解人無我、法無我的道理，同時能以三三昧——空、無相和無願面對和處理修行時遇到外界的

一切考驗，所以稱之為知義人。「義」指境，從另一角度來說，知義人即是了解外境是空的人。再進一步，修行人要放棄一切語言概念，純粹修持內心；這人稱為知法人。一位具備知義智和知法智的修行人，會朝著證真如，所謂二無我理的目標加功修行，直至見道；這就是加行位的情況。「凡夫有二智，即通二無我；為成彼智故，如說隨法行」。如是修持到加行位的世第一法時，修行人的大悲平等心連帶無漏智生起，遂即由加行位進入見道位，跟所有登地菩薩一樣，同得正性離生，成為佛家族成員。「成就彼智時，出世間無上，凡住初地者，所得皆同得」。見道位後便是修道位；因見道時只斷了分別薩迦耶見、疑見和戒禁取見，還有很多煩惱要逐步斷除，所以由第二地至第十地期間，菩薩要在定中以根本無分別智，於出定後以地建立智，無間斷地輪番斷障，最後在第十地將第八識內所有有漏種子盡皆斷除，剩下全然是無漏種子，轉依成佛。這就是菩薩前四地修行的大概。

彌勒菩薩接續提出菩薩要如何營造出修行四個順緣，俾使菩薩不放逸地修行。第一，修行人要安住在寂靜處；第二，要有暇滿人身才可親近善知識；第三，要具備正確的修行態度和第四，前生福因成熟。世親菩薩認為今生能成為大乘修行人，前生必定是夙植福慧；例如他是天性積

極樂觀，因此住在任何地方皆遇順緣。由於得暇滿人身，所以今生能被善知識攝受。由於身體健康，內心堪能住於三昧，又能以智慧抉擇教法，這三種都是正確的修行態度。「可樂及無難，無病與寂靜，觀察此五種，宿植善根故」。

彌勒菩薩強調修行人若能遠離前文頌十九和二十所說的八種障礙的話，就能獲得以下十種功德。

二十一－二十三　若文及若義，二偈勤受持，
　　　　　　　　功德數有十，是名勝慧者：
　　　　　　　　善種得圓滿，死時歡喜勝，
　　　　　　　　受生隨所欲，念生智亦成，
　　　　　　　　生生恒值佛，聞法得信慧，
　　　　　　　　遠離於二障，速成無上道。

如果修行人能精進行持上述二偈文句和義理，這人便是智者；成就十種功德。哪十種呢？一、六度善根速得增長；二、臨命終時得殊勝喜悅；三、依所願而投生；四、生生世世能憶宿命；五、所生之處恆遇諸佛；六、從諸佛處修學大乘；七、對大乘佛法成就增上信根；八、對大乘佛法成就增上慧根；九、遠離煩惱障和所知障；十、速證

無上菩提。

　　我們要留意第九點功德，漢譯本的頌文和論釋都是遠離煩惱障和所知障，而梵本則是依止二種大乘門來修行：三摩地門和總持門；前者是定門，後者是慧門。此外，當知這十種功德前二者屬現世，後八者屬來生。再者，關於第四點宿命通，世親菩薩稱之為「於一切生處得自性念生智」；第七點增上信根，是指信解大乘教法；而第八點增上慧根，指的是能得通達大乘教義的智慧。

庚五 以讚歎說法功德而攝義

二十四　慧善及不退，大悲名稱遠，
　　　　巧便說諸法；如日朗世間！

　　菩薩以妙善智慧精準地說法；恆時說法而不會疲厭；本著大悲心遠離利養恭敬而說法；聲名遠播，贏得眾人信服而說法；具足調伏眾生善巧而說法。由此五緣，菩薩說法宛如陽光照耀發放光芒，遍照聞法大眾。

第十四　隨修品

己三 修法：〈隨修品〉

世親菩薩說：「已說菩薩弘法，次說菩薩隨法修行。此中隨修有知義，有知法，有隨法，有同得，有隨行。今當次第顯示。」

庚一 總說

辛一 知一切義

一 於二知無我，於三離邪正；
菩薩如是解，是名知義人。

資糧位修行人會知悉外境人無我、法無我的道理，除認知到空、無相、無願三三昧外，還懂得以之遣除正與邪之妄執，這人稱為知義人。

「知義」，指認真明白外境是甚麼。世親菩薩說：「於二知無我者，謂於人、法二種而知無我，由知能取所取無有體故。」利根資糧位菩薩能知種種人相、種種法相所出現的能取、所取，都是概念語言，以假名安立，事實上並沒有自體。「三謂三種三昧，即空、無相、無願。

由空三昧知無有體，解分別性故。由無相無願三昧知無自體，由解依他、眞實性故」。勝解行地菩薩除了透過空三昧了知所有人相、法相都只是分別概念，所以於遍計所執上知爲無；同時，因依他起性而了知現象界心識活動俱爲苦的自性，故以無願三昧於世間不作任何希求。最後以圓成實性了知離一切戲論，故以無相三昧不執著諸相。「離邪正者，此三三昧引出世智故不邪，是世間故不正」。這三種三昧是解行地菩薩所修，因仍屬未見道之世間法，故不正；但能引伸出出世間的無漏智，故不邪。若果勝解行地的修行人既懂人無我、法無我，又能熟習三三昧，並能透過三三昧離正離邪，這人就是一位能面對及處理外界一切考驗的知義人。

辛二 知一切法

二　如是知義已，知法猶如筏，
　　聞法不應喜，捨法名知法。

如是勝解行地菩薩了知境空的道理後，更明白到一切教法就像過河得靠用船筏一樣，當上了岸後，便得捨棄船筏。所以不應只聞法而沾沾自喜，應捨棄一切語言文字而入定修煉自心，能做到這一點便稱爲知法者。

世親菩薩說：「次應知法，謂能修多羅等經法，猶如筏喻；不得但聞而生歡喜。何以故？是法應捨，譬如筏故。」

辛三 法隨法行

三 凡夫有二智，即通二無我；
  為成彼智故，如說隨法行。

基於前述知義智和知法智，再以證悟人無我、法無我理為目標，加功修行，直至見道，就是隨法行。

世親菩薩解釋說：「凡夫有二智者，謂知義智和知法智，由此二智故亦能通達人法二種無我。」知義智通達人無我，知法智通達法無我；可是在資糧位只能籠統地了知這二無我的影像和總相。世親菩薩解釋「為成彼智故，如法說隨法行」說：「菩薩為成就彼二種智，應如所說法隨順修行。」

隨順是隨著和順著證悟真如為目標而修行的意思。人無我、法無我是真如的特性。知義智和知法智都屬聞所成

慧、思所成慧；屬資糧位的智慧。到了加行位，由煖、頂、忍和世第一法時，就是修所成慧。大抵聞思二慧與修慧的不同，在於前者以散心修，後者以定心修。

辛四 同得悟入

四　成就彼智時，出世間無上，
　　凡住初地者，所得皆同得。

由於無漏無分別智連帶大悲平等心一同生起，修行人證得所有初地菩薩同樣擁有的正性離生功德，進入歡喜地，超越了以前世間最高的世第一法階段。

「彼智」，指無漏無分別智，修行人在加行位世第一法時生起無漏無分別智，即見道而得勝義菩提心，而勝義菩提心具備四種平等（註釋206），除了能令修行人超出世間最高無上的「世第一法」外，還能證得所有初地菩薩共同擁有的功德。正性離生──正式確認證入者是大乘修行人，於佛家族出生，並從此離開生硬的修行方式，熟煉修行，地地勝進，這就是同得悟入的意思。

辛五 隨修相應之法

五、六　見道所滅惑，應知一切盡，

　　　　隨次修餘地，為斷智障故。

　　　　應知諸地中，無分別建立，

　　　　次第無間起，如是說隨行。

　　見道時斷除見道位所應斷的煩惱——例如薩迦耶見、疑見、戒禁取見，接著為斷所知障，菩薩展開了十地修行。期間每地有二種智生起，分別是在定中的無分別智和出定後的地建立智。由於兩種智不能同時併起，所以菩薩繼續無間地不斷輪番修習，這就叫隨修相應之法。

　　見道時，初地菩薩證知二無我，從而斷除三結（註釋207）。三結分別是一、薩迦耶見：認為五蘊體是我，妄執有我，見道所斷的是分別薩迦耶見，不是俱生的薩迦耶見。二、疑見：懷疑佛法能否讓自己得到解脫。三、戒禁取見：相信苦行或條文形成可以滅罪招福，解脫生天。「隨次修餘地，為斷智障故」！智障，即所知障，以遍計無明為中心的煩惱集團。由二地起但為斷除所知障。世親菩薩說：「然於諸地各有二智，一無分別智，二地建立智。菩薩若在正觀，於剎那剎那得爾所法而不分別，是名無分別智。菩薩出觀後，分別觀中所得法如是如是分數，

是名地建立智。如此二智不得併起及間餘法起，恒無間行，是名菩薩隨行。」意思是說：由二地至十地，每地的菩薩皆以二種智來修行；第一是在定中生起的無分別智，第二是出定後，回憶在無分別智活動時所消除的所知障，得到各種不同程度解脫情況的細節，這就是地建立智。菩薩以這二種智輪番交替，無間斷地去除所知障，然後地地勝進，直至轉依成佛。這就叫菩薩隨修相應之法。

以上總結了勝解行地、見道位和修行位的修行方式。

庚二 別說

辛一 修行之順緣

菩薩如何營造修行的順緣，俾能精勤修行呢？世親菩薩說：「菩薩能如是順行有四種不放逸輪，一者勝土輪，二者善人輪，三者自正輪，四者先福輪。」意思是：修行如能：一、有寧靜安穩的環境，二、可親近的善知識，三、具備正確修行的態度和四、往昔福因成熟；便有條件精進修行。

先說勝土輪：

七　易求及善護，善地亦善伴，
　　善寂此勝土，菩薩則往生。

　　適合修行的地方必須容易獲得生活資具、安全、水土調和、善友相伴和日夜無喧。

　　世親菩薩說：「土勝有五因緣，一者易求，謂四事供身不難得故；二者善護，謂國王如法，惡人盜賊不得住故；三者善地，處所調和，無疫癘故；四者善伴，謂同戒同見為伴侶故；五者善寂，謂晝日無喧，夜絕聲故。」上述五點是理想的修行環境。四事指飲食、衣服、臥具和醫藥這四種基本生活資具。

　　接著解釋善人輪。

八　多聞及見諦，巧說亦憐愍。
　　不退此丈夫，菩薩勝依止。

　　修行人需親近一位學問淵博的見道聖人、善能說法、具悲憫心和弘法無有疲厭的善知識。

世親菩薩說：「善人亦具五因緣：一者多聞，成就阿含故；二者見諦，得聖果故；三者巧說，能分別法故；四者憐愍，不貪利故；五者不退，無疲倦故。」阿含，這處泛指佛經。見諦，謂見道；小乘指初果，大乘指初地菩薩。意思是：善知識必須是通經教，並且是已見道的聖賢。

次說自正輪。

九　善緣及善聚，善修及善說；
**　　善出此五種，是名自正勝。**

菩薩能以妙法作為學習對象，並盡力積聚福慧資糧，又能嫻熟適時修習止、觀和等捨；祂不求名利而說法，又能地地勝進，完成解脫目標。

第四先福輪。

十　可樂及無難，無病與寂靜，
**　　觀察此五種，宿植善根故。**

菩薩往昔夙植善根，所以今生為人積極樂觀，獲暇滿

人身，身體健康堪能修法，內心清明堪能等持，有善辨教法的抉擇能力。

世親菩薩說：「第一事由住勝土為因，第二事由值善人為因，後三事由自正成就為因。」意思是：有善根的修行人由於天性積極樂觀，所以住在任何地方也是順境；得暇滿人身（註釋208），所以能依止善知識；由於他身體健康，內心又堪能住於三昧，智慧能善辨教法；這三種是成辦自正輪的因。

註釋

206. 詳見前〈發心品・頌九〉。

207. 見道時所斷的三結，屬十結使。結使是指愛欲相應，心恆
     樂著，能纏縛並驅使眾生生死輪迴，不能解脫。三結加上
     貪欲和瞋恚，合稱下五結使，纏縛眾生在欲界中輪迴。

208. 這期生命不生於地獄、餓鬼、畜生、長壽天、邊地、外道
     家庭、無佛出世年代及生而殘瘴，具備這八點，便符合最
     基本修行條件。暇滿，依字義解是指剎那間得到幸福；暗
     喻我們雖有幸生而為人，但如果不珍惜的話，則會令幸福
     變得很短暫。

應用思考問題

1. 如果能斷除眾生修行時產生輕佛、輕法、懈怠、自滿、貪行、慢行、悔行和不定這八種障礙，就能得到十種功德。試依〈弘法品‧頌二十一至二十三〉說明。

2. 依〈弘法品‧頌二十四〉說明菩薩說法的五種功德。

3. 資糧位菩薩能透過經文了知二無我、三解脫門的道理，所以稱為能面對及處理遇到外界一切考驗的「知義」人。試依〈隨修品‧頌一〉說明。

4. 煖位、頂位的加行位菩薩除了聞思佛法，還加功修行，捨棄一切語言文字而修持自心，這就稱為「知法者」！試依頌二說明。

5. 忍位和世第一法的修行人，因有知義智和知法智；前者知境空，後者知識空；當境識俱空，便通達人無我和法無我；最終遣除能取、所取，得證真如。試依頌三、四說明。

6. 大乘修行人斷除薩迦耶見、疑見和戒禁取見後，便登初地，再由第二地開始，每地有兩種智無間地生起，兩種智指的是無分別智和地建立智；就這樣，菩薩地地勝進，直至成佛。試依頌五和頌六說明地上菩薩如何隨修相應之法。

7. 菩薩若要在順緣中修行，必須具備四輪：勝土輪、善人輪、自正輪和先福輪。試以白話解釋四輪的意義。

8.　修行人要有清靜修行環境方能安心修行；試依頌七說明。

9.　詳述作為善知識必備的條件。

10.　作為大乘修行人，要獲得無上菩提，必須對自己有嚴格的要求。試依頌九述之。

11.　此生能學習大乘，並非偶然的事；前生必定是已經種下廣大善根，才有今生入大乘門的稀有遭遇。試依頌十及世親菩薩的解釋闡解。

《大乘莊嚴經論》第37講

上堂彌勒菩薩將大乘修行——資糧、加行、見道和修道四個階段作出總說。祂提到資糧位菩薩應勝解二無我的道理，並以空、無相和無願三三昧來處理外界一切境事；而加行位就以知義智和知法智修行；至世第一法時，行者內心的大悲平等心連帶無漏無分別智一同生起，進入見道位。在見道位時就跟所有登地菩薩一樣，同得正性離生，成爲佛家族成員。在十地修行中，菩薩於定中以根本無分別智，出定後以地建立智，無間斷地輪番斷障，直至第十地金剛喻定將所有有漏種子盡焚，轉依成佛。

今堂彌勒菩薩提到所謂修行，本質上就是悲智雙運，以不捨眾生的大悲心和無分別智來完成佛的斷證功德。無分別智主要是體現出法界平等，離開法界並無「貪」等煩

惱；事實上，所謂「貪」，亦即「離貪」，這和「煩惱即菩提」是同一意義。「煩惱即菩提」，當然是地上菩薩所行境界，而我們凡夫應知道這是佛的平等意趣，用以要我們不要害怕煩惱，要勇敢面對煩惱。

由頌十六至十九是彌勒菩薩「心性本淨，客塵垢染」之學說精華所在。彌勒菩薩認爲我們心性本來清淨，只是暫時受煩惱客塵染污而已，如果我們修行斷除煩惱，就能離垢清淨。這就如虛空本來清明，但偶有雲彩障蔽；當雲彩飄走，虛空便回復清明狀態。我們表面上受種種煩惱煎迫，但煎迫我們的煩惱其實並不實在，就好像魔術師變現幻境一樣，看似眞實，卻並非眞實。「無體及可得，此事猶如幻；性淨與無垢，此事則如空」。爲了形象化讓信眾明白自己心性本自清淨，但爲客塵垢染，不能得見的道理；彌勒菩薩舉了兩個例子說明。就好像畫師在平坦的紙張上畫山水景物，畫布雖然平坦，但畫中出現的景物高低不平。同理，眞如法界本來平等，但凡夫因虛妄分別而出現有能取和所取的知見。「譬如工畫師，畫平起凹凸；如是虛分別，於無見能所」。又好像渾水經淨化而變得清澈，清澈並非由渾濁而來，而是渾濁被淨化了；而淨化自心的原理亦是一樣。眾生心性恆常光明，但因偶爾的過患而出現染相；離垢後才出現的光明，亦只是原先未出現染

相前的心光明。「譬如清水濁，穢除還本清；自心淨亦爾，唯離客塵故」。接著，彌勒菩薩提到修行另一個元素——不捨眾生的大悲；視眾生如過去世父母，如果捨棄在輪迴中受苦的父母，自己獨自解脫，你安心嗎？世親菩薩在《論釋》更強調：菩薩在利益眾生期間，即使在多劫中造作貪愛眾生的業行，亦不構成墮罪原因。相反，剎那對眾生生起瞋恚心，就必定下墮。

最後，彌勒菩薩用了八個譬喻：以醫師喻大乘人修行時處眾救眾生；以訓練新人來譬喻如何調伏自心；以商賈喻布施；以浣衣喻持戒；以父子喻安忍；以鑽木喻精進；以誠信喻靜慮；以幻師喻般若；讓讀者更深一步體會大乘人如何聞思〈隨修品〉。

辛二 修行之本質

壬一 略說

所謂修行，就是以悲智雙運來斷除煩惱。

十一　遠離於法界，無別有貪法；
　　　是故諸佛說，貪出貪餘爾。

由於離開法界外並沒有任何東西，所以諸佛說「貪」即等同於「出離貪」。

　　這一頌的意思是：「煩惱」只是假名，本質上等同於「出離煩惱」。誠如無著賢論師所說：「無離法界外之法，是故，於貪之法性而得貪之名，而緣貪之法性而修故，是出離貪。」（註釋209）意思是說：凡夫於離戲論的眞如法界上起遍計分別，將擾亂熱惱內心的東西假名爲「貪」；而當行者遣除於眞如法界上所執的「貪」之假名時，在本質上而言，就是「出離貪」。

十二　　由離法性外，無別有諸法，
　　　　是故如是說，煩惱即菩提。

　　由於離法界外沒有任何東西，所以具慧菩薩認爲無明與菩提二者之法界沒有別異，這是佛說法的意趣。

　　爲甚麼佛要說煩惱即菩提呢？這是前面〈弘法品・頌十八〉所提到的平等意趣，目的是開導我們，其實煩惱和菩提這些名言背後，都是離言的法性。

質疑：既然說以貪可以出離貪，又說「無明即菩提」，為甚麼那些煩惱眾生不能與佛一樣，同得解脫？

解惑：佛真正的意思是透過斷除貪煩惱，可以獲得出離貪；不是說貪即離貪。說貪即離貪是佛鼓勵那些貪欲重的眾生，不要害怕面對貪，能面對貪才能想出辦法斷貪。

十三　於貪起正思，於貪得解脫；
　　　　故說貪出貪，瞋癡出亦爾。

當修行人明白貪的本性後，知道貪是可以斷除的。所以說透過斷除貪就可以得解脫，同樣，斷除瞋和癡亦是同一道理。

假如煩惱是實有的話，便無法被斷除。煩惱是無自性的，透過遣除對煩惱的執著，就可讓煩惱本自解脫。所以煩惱是修行成就無上菩提的基礎。佛說「煩惱為道」的目的，是希望修行人不要因害怕煩惱，放棄救度眾生的工作。

十四　菩薩處地獄，為物不辭苦，
　　　　捨有發小心，此苦則為劇。

對菩薩來說，為了利益眾生，雖住於地獄，亦不會感到痛苦。相反，為了追求個人解脫而不住三界，只希求小乘涅槃，對菩薩來說，這才是極其痛苦的事。

十五　雖恒處地獄，不障大菩提；
　　　若起自利心，是大菩提障。

為甚麼呢？因為菩薩為了利益眾生，雖住於地獄，但不會成為成就無上菩提的障礙。相反，若菩薩住於極樂世界而生起自利心，反而對成就無上菩提形成障礙。

壬二　廣說

癸一　無緣智慧

十六　無體及可得，此事猶如幻；
　　　性淨與無垢，此事則如空。

跟幻境一樣，諸法雖無自性，但仍有相狀顯現；跟虛空一樣，法界本自清淨，而且具離垢清淨特性，但卻有客塵垢染的幻境出現。

世親菩薩說：「『無體及可得，此事猶如幻者』，一切諸法無有自性，故曰無體；而復見有相貌顯現，故曰可得。諸凡夫人於此二處互生怖畏，此不應爾；何以故？幻相似故！譬如幻等實無有體而顯現可見，諸法無體可得亦爾，是故於此二處不應怖畏！」意思是說：諸法無自性，但我們卻可見到種種顯現的相狀；表面上眾生受種種煩惱煎迫，但其實煎迫著我們的煩惱是不實在的。凡夫於這點確會心生疑寶，但這和魔術師變現幻境一樣，看似真實，卻非真實。「『性淨與無垢，此事則如空』者，法界本來清淨，故曰性淨；後時離塵清淨，故曰無垢；諸凡夫人於此二處互生怖畏，此不應爾！何以故？空相似故，譬如虛空本性清淨，後時亦說離塵清淨；法界性淨及以無垢亦復如是。是故於此二處不應怖畏」！意思是說：我們心性本來清淨，但暫時受煩惱客塵染污；如果我們修行斷除煩惱，就得離垢清淨。這就是如虛空本來清明，但偶有雲彩；當雲彩飄走後，虛空又回復清明狀態。彌勒菩薩再舉工匠作畫和渾水復清為喻說明。

十七　譬如工畫師，畫平起凹凸；
　　　如是虛分別，於無見能所。

就好像畫師在平面紙張上畫山水景物，畫紙雖然平坦，但畫中出現的景物高低不平。同理，諸法本來平等，但由於凡夫虛妄分別而出現有能取和所取的知見。

　　世親菩薩說：「於平等法界無二相處，而常見有能所二相，是故不應怖畏。」意思是說：眞如法界內諸法平等，根本沒有能取的我相和所取的法相；菩薩能體證人無我、法無我的諸法平等，又能體證自他平等；所以即使處身於地獄救濟眾生，也不以爲苦。彌勒菩薩再以渾水過濾成爲清水爲例；說明煩惱只是客塵，心性本自清淨，故不必對煩惱恐懼。

十八　譬如清水濁，穢除還本清，
##　　　自心淨亦爾，唯離客塵故。

　　當渾水經淨濾而變得清澈時，清澈並不是由渾濁而來，而是渾濁被淨化了；淨化自心的原理也是一樣。

　　世親菩薩說：「譬如清水，垢來則濁。後時若清，唯除垢耳。清非外來，本性清故；心方便淨，亦復如是。心性本淨，客塵故染，後時清淨，除客塵耳；淨非外來，本性淨故。是故不應怖畏。」意思是說：心性本自清淨，煩

惱是客塵，有煩惱時便顯現不淨，但當客塵去除，清淨便顯現了。但清淨不是由後天人爲修煉而增添的，而是心性本自有的。所以，我們不要害怕煩惱不能斷除，內心永遠昏昧。

由此推論：內心清淨有兩層意義，第一是心性本自清淨，第二是由於離垢，所以心性清淨。

十九　已說心性淨，而爲客塵染；
　　　不離心眞如，別有心性淨。

就如渾水成淨一樣，心之自性恆常光明，但因偶爾過患而出現染相。而因遠離偶爾之垢染而顯現的光明，亦只是原來心性的光明。

此外，彌勒菩薩提到之自性心恆常光明，明友譯師將心之自性譯爲「心眞如」，而世親菩薩稱之爲「阿摩羅識」。世親菩薩說：「譬如水性自清而爲客垢所濁，如是心性自淨而爲客塵所染，此義已成。」又說：「不離心之眞如別有異心，謂依他相說爲自性清淨，此中應知，說心眞如名之爲心，即說此心爲自性清淨。此心即是阿摩羅識。」這段論釋有三個重點：一問：凡夫心性是否清淨光

明？答：凡夫心性唯恆常清淨，但仍有煩惱障和所知障令心性出現垢染，所以凡夫未證。二問：依他起相的心是否心眞如？如無著賢論師云：「依他起之心者，非爲光明故，說彼心之自性──法性爲光明。」（註釋210）第三：世親菩薩將心眞如──聖者已證心性恆爲光明，稱爲「阿摩羅識」。惟只有漢譯論釋有記載，對應梵藏未見此說。

上述幾頌已說明了修行本質其中的平等無分別智，接續說不捨眾生之大悲。

癸二 不捨之大悲

二十　菩薩念眾生，愛之徹骨髓；
　　　恒時欲利益，猶如一子故。

菩薩對待一切眾生，就好像慈母愛護獨子一樣；任何時間也不會忘記怎樣饒益他們。

二十一　由利群生意，起貪不得罪；
　　　　瞋則與彼違，恒欲損他故。

如果菩薩為了利益眾生而貪愛他們，這是不犯下墮罪的。相反，若菩薩瞋恨眾生，這便與利益眾生相違。

世親菩薩說：「若謂菩薩愛諸眾生起貪名罪者，此義不然。何以故？此貪恒作利益眾生因故。」

二十二　如鴿於自子，普覆生極愛；
　　如是有悲人，於生愛亦爾。

就好像母鴿愛執鸒鳥一樣，自少懷抱牠，護育牠，從不會瞋恨牠；視眾生等同親子的大悲菩薩也是一樣。

二十三　慈與瞋心違，息苦苦心反，
　　利則違無利，無畏違畏心。

菩薩因有慈愛，祂不會對眾生起瞋心；菩薩希望拔除眾生的痛苦，祂不會損害眾生；菩薩奉獻身財受用饒益眾生，祂不會欺詐眾生；菩薩希望眾生遠離怖畏，祂不會以暴力令眾生怖畏。

世親菩薩說：「是故菩薩起如是貪不得名罪！」就好像在家菩薩對妻兒雖有貪愛心，但這貪愛不會令菩薩犯下

墮罪，因爲這種貪心與大慈並不相違。所以即使菩薩多劫中造作貪愛之罪，亦不及刹那間對眾生生起瞋心之罪重。

接著，彌勒菩薩以五頌八個譬喻來說明菩薩如何處眾、對治自心和六度的修行方式。

辛三 以喻宣說如何修行

二十四　善行於生死，知病服苦藥；
　　　　善行於眾生，如醫近病者。

就好像處方苦藥給病人服用一樣，菩薩處身於生死輪迴中，祂的修行就像醫師一樣治療患病的眾生。

二十五　善行於自心，如調未成奴，
　　　　善行於欲塵，如商善販賣。

菩薩以馴服未經訓練奴僕的力度去降伏自心；祂實踐布施時，以不斷增值提升盈利的經營手法，漸次降伏內心的欲念。

菩薩對自己要求嚴謹，以懲處對治自心，對別人就以

利益心來處眾。以下是修六度的譬喻，例如以不斷增值，提升盈利成辦事業，擁有財富，再發放布施；這是菩薩布施濟眾，克服慳吝的方法。

二十六　善行於三業，如人善浣衣；
　　　　善行不惱他，如父於愛子。

　　菩薩持戒時守護身語意三門，就如染布工人擅於將各類衣物浣洗再染色一樣；菩薩以不害和安忍來與眾生和洽相處，就如父親照顧嬰孩一樣。

二十七　善行於修習，如鑽火不息；
　　　　善行於三昧，如財與信人。

　　菩薩行持精進就如求火者在火未生起前不斷鑽木；菩薩對禪定喜樂毫不泥著，就好像誠信者受別人信託掌管寶藏一樣。

　　世親菩薩說：「譬如出財得保信人日日滋益，菩薩亦爾，修習諸定不亂，不味功德增長。」就好像司庫每日保管大量現金，但不會侵吞。菩薩每日修習奢摩他，雖法喜遍滿，但不味著禪定時身心產生的喜樂。

二十八　善行於般若，如幻師知幻，
　　　　是名諸菩薩，善行諸境界。

　　菩薩行持般若就像魔術師了知自己所變出的幻象都是
虛假一樣；祂了知諸法體空相幻。以上就是菩薩在處眾、
對治自心和六度修行的譬喻。

　　世親菩薩說：「善行般若譬如幻師知幻非實；菩薩亦
爾，於所觀法得不顛倒。」就好像魔術師以咒語、眾緣會
聚力如木石等，可令觀眾起分別念，覺得有馬象等相，但
魔術師內心知道所變出的馬象實際不存在。

庚三　攝總結攝義

二十九　常勤大精進，熟二令清淨；
　　　　淨覺無分別，漸漸得菩提。

　　菩薩恆常以大精進力來行持自利利他，並因修持無分
別智漸次成熟，得成無上菩提。

　　世親菩薩說：「淨覺謂法無我智，此智不分別三輪，

謂修者、所修、正修，故得清淨。」法無我智能令行者得
證三輪體空，去除煩惱障、所知障的垢染，故能離垢清
淨。

註釋

209. 見《大乘經莊嚴論寶鬘疏》頁三六八。

210. 見前書頁三七二。

應用思考問題

1. 所謂修行，在本質上可理解為以不捨眾生的大悲心和無分別智來斷除煩惱障和所知障的行為。而斷障過程主要是以無漏無分別智的力量，於定中逐步斷除煩惱和所知障；此外，還要掌握「佛體平等」的道理——例如離開法界並無「貪」等煩惱的原理，所謂「貪」即「離貪」，「煩惱即菩提」。試依頌十一說明。

2. 如果「煩惱即菩提」，凡夫豈不全部都是佛祖？根據彌勒菩薩的說法，這是佛的平等意趣，佛的心意是希望我們不要害怕煩惱，要勇敢面對煩惱。試依頌十三說明。

3. 為了利益眾生，菩薩即使住於地獄，也甘之如飴；相反，為了個人安樂而住於涅槃，菩薩也感到十分痛苦。試依頌十四和十五說明。

4. 佛家認為我們心性本自清淨，但客觀上我們亦被煩惱染污。就正如虛空本來清明，但偶有雲彩；然雲彩飄走後，虛空又回復清明狀態。試依頌十六說明。

5. 頌十七至十九是彌勒菩薩提出「心性本淨，客塵故染」的中心學說，試依之詳述彌勒菩薩提出心性本淨的說法。

6. 頌十九的論釋保留很多對心性描述的說法，梵藏將心性描述成心性光明，而波羅頗迦羅蜜多則譯為「心真如」，世親菩薩又在《論釋》中將心性稱為阿摩羅識。內文資料多而雜亂，試就你所學將之梳理。

7. 彌勒菩薩提到菩薩為了利益眾生，就算對之起貪愛，也不會成為墮罪。試依頌二十一說明。

8. 世親菩薩在《論釋》開宗明義說：「即使菩薩多劫中造作貪愛之罪，亦不及剎那間對眾生起瞋心的罪重。」試依頌二十二、二十三說明。

9. 彌勒菩薩以醫師譬喻大乘人修行處眾救度眾生，以調伏未經訓練的下屬來譬喻大乘人如何調伏對治自心。試依頌二十四說明。

10. 彌勒菩薩以商賈喻布施、以浣衣喻持戒、以父子喻安忍、以鑽木喻精進、以誠信人喻靜慮、以幻師知幻喻般若；試逐一詳述之。

11. 世親菩薩在頌二十九的論釋中稱「能處三輪體空的法無我智」為無分別淨覺，依之可得無上菩提；試依頌二十九論釋說明。

《大乘莊嚴經論》第38講

　　〈隨修品〉提到，修行的本質就是以悲智雙運來斷除煩惱。所謂悲，是指大悲平等心；所謂智，是指無漏無分別智。未登地凡夫要用一大阿僧祇劫，約為十的一百零四次方乘以四十三億二千萬年，長時間地積累福慧資糧；在加行位最後階段的世第一法入無間定，以上品如實智雙印能取、所取空，令大悲平等心和無漏無分別智生起；進入見道位。之後在十地修行位中，以無分別智和地建立智無間斷地輪番斷障，直至第十地金剛喻定將所有有漏種子盡焚，轉依成佛。值得一提的是，頌十六至十九是彌勒菩薩提出的「心性本淨，客塵垢染」學說之精華所在。彌勒菩薩認為心性本來清淨，只是暫時受煩惱客塵染污而已，如果修行斷除煩惱，就能離垢清淨。表面上我們受種種煩惱煎迫，但煎迫我們的煩惱並不實在，就好像魔術師變現幻

境一樣，看似眞實，卻並非眞實。「無體及可得，此事猶如幻；性淨與無垢，此事則如空」。

今堂開始，彌勒菩薩教我們如何聞、思、修佛的教法和律儀。首先通過六心──根本心、隨行心、觀察心、實解心、總聚心和希望心去學習經教，及將經教的義理透過止觀來攝持。過程是：首先對經藏的名稱觀察，內心對經名不起任何分別；接著逐步檢視經文內容，並且精準地了解其內容重點；再將經文義理銘記心中；之後反復串習，透過止觀來攝持，最後全心全力精進修持，奉行教法。「想名及了句，思義亦義知，法總及義求；六心次第起」。今堂重點是彌勒菩薩教修奢摩他。修止是踏入佛法殿堂的第一步，是重中之重的修行科目，分成能修止的九住心和所修的九種住境。九住心分別是安、攝、解和轉，這四種是令心安住；伏、息、滅、性、持，這五種是伏斷煩惱，令心寂止，不再擾動。能修止的心是這樣運作的：當菩薩一旦安住於所緣境，便不會外散；即使偶有散亂，亦會很快察覺，隨即將心拉回原處。智者數數把散亂心拉回，透過不斷的鍛煉，因體會到禪定的功德而樂於將心穩住。當菩薩發覺內心有躁動時，便立即折伏；例如祂會說：「住三摩地多好！」祂見到散亂的過失，亦能止息散亂；當見到貪煩

惱和焦慮分別生起時，亦能隨即息滅之。就這樣不斷精進用力修習，菩薩這時的專注力自然而生；毋需對治，昏沈、掉舉這些擾亂內心的元素亦不再生起。「繫緣將速攝，內略及樂住，調厭與息亂，惑起滅亦爾；所作心自流，爾時得無作。菩薩復應習，如此九住心」。

當然，我們欲界凡夫不能只靠聞思智慧便可見道，必須將欲界之心內收安穩，再將能擾亂內心的煩惱，例如將散亂、沉掉從內心剔除；否則，內心便如閃電風雲般變化，亦如海浪般難平。事實上，我們如逐一穩步地修九住心，到了第九等持住，便是欲界中最細微之心；這時內心不必勤作，也能平等任運地安住一境。

第十五　教授品

戊三 教授與隨示：〈教授品〉

己一 如何求得教誡

一　行盡一僧祇，長信令增上，
　　眾善隨信集，亦具如海滿。

菩薩以一大阿僧祇劫不斷修行，對大乘道理深信不已，而眾多善根亦隨著信解四諦而得以增上發展，亦如海水般湛然圓滿。

傳統認為修行人由發心開始，經三大阿僧祇劫而成佛，分別以見道登初地、第八地得滅盡定和第十地最後心為分界。

二　聚集福德已，佛子最初淨。
　　極智及軟心，勤修諸正行。

如是菩薩聚集福德後，能回復原本清淨，並得多聞之世第一智，離蓋障的軟心，離開以前生硬的修行方法，進入修行正道。

世親菩薩說：「佛子最初淨者，令護清淨故，及於大乘作正直見，不顛倒受義故。極智者，得多聞故；軟心者，離諸障故；勤修諸正行者，有堪能故。」極者，指世第一法階段中，由無間三摩地而得的上品如實智；諸障，指障礙靜慮的五種蓋障，分別是貪欲、瞋恚、昏沈睡眠、掉舉惡作和疑。

三　自後蒙諸佛，法流而教授，
　　增益寂靜智，進趣廣大乘。

從此諸佛透過法流等持，教授菩薩增進止和觀的能力，讓祂們趣入廣大教法。

根據無著賢論師說：法流等持仍屬未見道的世第一法階段。（註釋211）還引《現觀莊嚴論》的偈頌「發心及教授，四順抉擇分」，四順抉擇分是指煖、頂、忍和世第一法之加行位；而加行位尚未見道。但世親菩薩說：「此諸菩薩從此以後，蒙諸佛如來以修多羅等法而爲說之，譬如爲說《十地經》。」如果這裡的諸佛是指報身佛的話，這時菩薩便應已登地；因爲只有見道後的菩薩才能聽到報身佛說法。

己二　對教授如理作意

庚一　對教授以思如理作意

四　想名

首先對經藏的名稱觀察，而心對經名不起任何分別。

世親菩薩說：「謂根本心，初於修多羅等法觀察無有二義，唯想名聚故。」閱讀經典時，首先只著力於經典，例如《十地經》的名稱。

五　及了句

接著逐步檢視經文內容，並精準地理解其內容重點。

世親菩薩說：「謂隨行心，次隨諸句決了差別及次第故。」

六　思義

思維經文義理，並銘記於心，

此中「義」包括了數、量、分別和各別分別。大致是指：觀察經中所說內容劃分的數目，衡量數目並思維其法相，思擇其根據和對以上三種內容觀察其自相和共相。

世親菩薩說：「思義者，謂觀察心；次於彼義內正思維故。」

七　亦義知

菩薩對經文句義反復串習，並經實際行動穩定地、默言地實踐教法。

世親菩薩說：「義知者，謂實解心；於彼思義如實知故。」意即修行人要以實踐經教來辨證其可行性。

八　法總

將所有經教的句義，透過止和觀來攝持。

這個總聚心就如《解深密經‧分別瑜伽品》所說的緣總法奢摩他、毗鉢舍那。如云：「若諸菩薩即緣一切契經等法，集為一團、一積、一分、一聚作意思惟，此一切法隨順真如，趣向真如，臨入真如，隨順菩提，隨順涅槃，隨順轉依及趣向彼，若臨入彼，此一切法宣說無量無數善法，如是思惟修奢摩他毗鉢舍那，是名緣總法奢摩他、毗鉢舍那。」由於一切經教的主旨都是指向以般若智證悟真如，得無上菩提；這都是要透過修止觀才能達臻的。世親菩薩說：「法總者，謂總聚心，更聚前

法復總觀故。」

九、十　及義求；六心次第起。

當修行人對經教再沒有任何懷疑，他應進入止觀雙運，離開昏沈和掉舉而達致精神狀態平衡時，再修持捨；就這樣全心全意地修持。

世親菩薩說：「義求者，謂希望心；於彼義趣求得意故。」意思是說：當修行在語言概念上完全掌握佛的教誡，便要進一步離開語言文字，進行止觀雙運，除了遠離昏沈和掉舉外，還要修捨。捨包括了心平等性、心正直性和心無功用性。這種精進不懈和全力修持的態度，就是希望心。如是菩薩就是以根本心、隨行心、觀察心、實解心、總聚心和希望心這六種心，用思維作意來接受佛的教授。

庚二　對教誡以修如理作意

接著，彌勒菩薩又介紹如何以十一種作意來起心動念實修妙法。但在英譯梵文本中沒有這二頌，緊接的是介紹以修如理作意的九住心；而只有唐譯及藏文本才有這十一

種作意。平心而論，觀乎頌四至十的文理，下接九住心是較合理。這十一種作意從內容來看，是解釋修行人得身輕安、心輕安入初禪，次第得二、三及四禪；屬在加行位的作意。

十一種作意於唐譯頌文分別是：「有求亦有觀，一味將止道，觀道及二俱，撥沈並抑掉，正住與無間，於中亦尊重，置心一切緣，作意有十一。」意思是：所謂十一種作意分別是一、有求：指有尋有伺作意，尋和伺都是不定心所。思多慧少曰尋，思少慧多曰伺；指以語言概念觀察諸法。二、有觀：指無尋有伺作意；是初禪的殊勝正行及獲得二禪之心。三、一味：指無尋無伺作意，在三禪和四禪正行時，均屬無尋伺心理活動，而於三摩地中一味觀察諸法。四、止道：即止作意。世親菩薩認為止作意僅是緣諸法的名句。五、觀道：即毗鉢舍那作意，世親菩薩認為觀作意僅緣諸法的意義。六、二俱：即止觀雙運。七、昏沈：即起相作意，若緣名心入於昏沈時能策勵奮起；例如昏沈時作意佛的功德。八、抑掉：指攝相作意，若緣義心入於散亂時能攝持不散，例如掉舉時修輪迴過患。九、正住：即捨相作意：於所緣中無昏沈、掉舉而令精神平衡地住於捨心。十、無間：指恆修作意，能恆常精進而無間斷地趣入修行。十一、尊重：指恭敬作意，能在修上述九種

作意時歡喜恭敬趣入修行。

接著，彌勒菩薩解釋九住心，這是彌勒菩薩指導修行奢摩他的心要。九種令心安住的方法，分別是：安、攝、解、轉、伏、息、滅、性、持等九住心。（註釋212）

十一　繫緣將速攝，

當菩薩一旦安住於所緣境，便不會外散；即使偶有散亂，亦會很快察覺，隨即將心拉回原處。

世親菩薩說：「繫緣者，謂安住心，安心所緣不令離故。速攝者，謂攝住心，若覺心亂速攝持故。」

十二　內略及樂住，

智者數數把散亂心拉回，繁多的境相漸由一心穩住；透過不斷的鍛鍊，因體會禪定的功德而樂於將心穩住。

世親菩薩說：「內略者，謂解住心，覺心外廣更內放。樂住者，謂轉住心，見定功德轉樂住故。」內略就是外境相像雖多，但漸由一心穩攝。

十三　調厭與息亂，惑起滅亦爾；

當菩薩發覺內心有躁動時，便立即折伏；祂見到散亂的過失，便能止息散亂；當見到貪煩惱和焦慮分別生起，亦隨即息滅之。

世親菩薩說：「調厭者，謂伏住心；心若不樂應折伏故。息亂者，謂息住心，見散亂過失令止息故。惑起滅亦爾者，謂滅住心，貪憂等起即令滅故。」這裡的惑是指欲界中貪心與害心。

十四　所作心自流，爾時得無作。
　　　菩薩復應習，如此九住心。

透過不斷精進用力修習，菩薩這時的專注力就自然而生；毋需對治，昏沈、掉舉亦不再生起。菩薩應修習這九住心方便，令心安住。

世親菩薩說：「所作心自流者，謂性住心；所作任運成自性故。」任運成自性即自然而然，成為習慣。「爾時得無作者，謂持住心，不由作意得總持故」。得無作就是

毋需用力對治，細微的掉舉也不再生起。

我們欲界凡夫不能只靠聞思智慧便可證道，必須將欲界之心內收，安住其上。否則內心便如閃電風雲般變化，似海浪般難平。後來唯識瑜伽士對應於九種住心分爲九個境界階段：

一、內住：對某境自心單一專注地安住。

二、等住：時有散亂，他念相擾，但迅即察覺到「我心已散逸於他境」，於是將心再度拉回前面的所緣境。

三、安住：對前所緣以正念不斷護持，讓內心於前所緣相續而住。

四、近住：雖能護持相續，不失所緣；但仍有散亂；此時應精進勤於所緣專一而攝，惟細微之昏沈生起。

內住、等住、安住和近住是修行人安住於所緣境的過程，由調伏至等持是降伏內心煩惱的過程。

五、調伏住：能斷細微昏沈，爲使自己明見攝心內住的功德，應當生起「若心能得三摩地該有多好」！如是對三摩地生喜並且尋求，以此調伏內心。

六、寂靜：內心散亂的習氣現行，應思惟：「此散亂如劫奪三摩地的盜賊，有極大的傷害性。」如是以斷除一

切三摩地不喜之因，便斷除散亂。

七、最極寂靜：這時貪、憂、沈掉等隨煩惱會出現，應如此思惟：「若爲此煩惱控制則終不能修成三摩地，故有大過；若不被其控制，則能成就神通等諸殊勝功德的根本──三摩地，因此無論如何也不能隨此等可惡的分別念作意。」如是透過對治或置之不理來止息貪憂等二障煩惱。

八、專注一趣住：雖仍依無間缺運轉作意而安住三摩地，但任何昏沈、掉舉等不能形成障礙。無間斷地習定自如，故又稱爲勤作住。

九、等持住：又稱欲心一境，是欲界中最細微之心。此時內心不必勤作，自心平等任運安住於一境。

註釋

211. 見《大乘經莊嚴論寶鬘疏》頁三七九。

212. 無著賢論師解釋世親菩薩九住心方便尤為精警；他這樣解釋說：「於修止之時，首先於止之所緣起專注。繼而，令彼定之相續於外境不散亂。假使起散亂，由速得了知而令復從散亂中起專注。具慧輾轉增上者，是令心一再地於內緣專一而攝。由此，以見定之功德故，而住定中，心調伏昏沈掉舉。由見散亂——煩惱及分別擾亂相續之過患故，以對治散亂令心所緣不喜而令寂靜。若由於失念而為禪定之障分——貪心與不喜等五蓋以及煩惱，隨煩惱中起出，令散亂寂靜而令心如是寂靜；貪心與不喜者，於此為欲界之貪及害心。由是，由勤策律儀，彼修止之菩薩心中，精勤加行等對治法得自然而生。由修彼已，於未作對治亦生起無沈掉之定也。」

應用思考問題

1. 傳統認為，無論大乘或小乘的修行人，均需信解四諦，依三十七菩提分法修行，經一大阿僧祇劫才能見道，生起無漏無分別智，如大乘種性修行人，大悲平等心亦同時成熟，登入初地，正性離生。試依頌一描述這段經過。

2. 彌勒菩薩對由加行位最後階段的世第一法至入見道位，皆描述得很詳細。試依頌二及三解釋「最初淨」、「極智」、「軟心」、「法流等持」。

3. 彌勒菩薩注重經教，而頌四至頌八分別是如何透過聞思來讀經，並如何將經教以止觀來攝持。請詳細解釋「想名」、「了句」、「思義」、「義知」、「法總」，這五個聞思經教的步驟。

4. 當修行人在語言概念上完全能掌握教誡後，便要進一步摒棄語言文字，進行止觀雙運，這種精進不懈和全力修持的態度，就是希望心，試依頌九和十說明。

5. 菩薩以根本心、隨行心、觀察心、實解心、總聚心和希望心來接受佛的教誡。試依頌四至頌十說明。

6. 彌勒菩薩以十一種作意講述如何在得三摩地後，於煖、頂、忍、世第一法而見道的經歷中起心動念修行，試詳述之。

7. 九住心是彌勒菩薩修奢摩他的心要；分別是安、攝、解、轉、伏、息、滅、性和持；大致來說，前四種是令心安

住，後五種是安住後如何遠離煩惱擾動的方法。試依頌十一至頌十四説明。

8. 修止成功要經九個階段，分別是內住、等住、安住、近住、調伏住、寂靜、最極寂靜、專注一趣和等持，試略述其要。

9. 因修「所作心自流」的性住心而得專注一趣住，和「得無作」的持住心而得「等持住」，前者又稱勤作住，後者又稱欲界最細心；究竟兩者有何分別？

10. 調伏住、寂靜和最極寂靜都要作意思惟如何斷伏煩惱，如何追求三摩地境界。三者所思惟有何不同？

11. 試將能修止的九住心及所修止的九種住心境的界限及特點列表説明。

《大乘莊嚴經論》第39講

　　上堂講述彌勒菩薩指導修行人踏出修慧第一步——遠離欲界，斷除欲界煩惱；以九住心次第修證三摩地，並以證得的三摩地為基礎，不斷加強訓練；就好像農作物以耕地為基礎一樣，進入根本定，淨化內心，讓大悲平等心重現，啟動無漏無分別智，證悟空性，登歡喜地。九住心分為兩個層次：首先是讓心安住於所緣境，包括內住、等住、安住和近住四個階段；其中值得留意的是第三——安住，安住是以「解」心了知妄念紛飛，就好像一個大城市可以活動的地方太多，可與聊天的人物也太多，最後根本沒有甚麼好想，妄念令人糊裡糊塗，暈頭轉向，如此便領悟到安住內心的好處。當內心初步穩住於所緣境，便開展第二個層次，以五個深淺不同的階段，降伏內心欲界煩惱習氣，這些欲界煩惱習氣主要是指五蓋：貪、瞋、昏沈睡

眠、掉舉惡作和疑。如是以修奢摩他的力量，將這些欲界煩惱損之又損，到第九住等持，亦即三摩地時，便到達了欲界最細微心，內心不必勤作而任運安住於一境。

彌勒菩薩提醒我們，就算達致三摩地，如未完全脫離欲界，就只得下品輕安；所以不可因此而滿足，要更上一層樓，精勤進修根本定。所謂根本定，是指色界四禪和無色界四禪，這八種禪定境界，每階段都稱爲根本定。「下猶修令進，爲進習本定」。而修根本定有三種目標：淨化內心、令心柔軟受控和發起神通，藉這股力量精進修持，奉行教法。

承接得根本定，尤其是到達第四禪——捨念清淨地，彌勒菩薩認爲行者應直入加行位。祂在《分別瑜伽論》有一偈頌詮釋這時候的修行：「菩薩於定位，觀境唯是心；義相既滅除，審觀唯自想；如是住內心，知所取非有，次能取亦無，後觸無所得」。菩薩在加行道煖位時，只見外境皆空，而所謂外境，只是投影在識內的名言概念；是爲煖位。爲了增強這種法明，堅穩菩薩精進行持，透過強化這股法明，菩薩安住於唯心的境界中；是爲頂位。菩薩確實了知一切外境都是心的反映，於是斷除了因執著外界的東西而起散亂；是爲忍位。這時菩薩只剩下因內識的能取

分別而引起的散亂尚未斷除，當以無所得而斷除執著能取的散亂，便速疾地證得與見道位無間斷的無間三摩地；這便是世第一法。

最後，彌勒菩薩從三方面介紹見道。第一、無漏無分別智生起。見道時因超離世第一法而獲無漏智，而無漏智是因為證得能取、所取平等無分別，所以遠離對能取、所取的執著，並因而斷滅見道位所應斷除——例如分別薩迦耶見、戒禁取見和疑等煩惱。「遠離彼二執，出世間無上，無分別離垢，此智此時得」。第二、因通達法界平等而令大悲平等心成熟，了知真如法界有五種平等——無我平等、有苦平等、所作平等、不求平等和同得平等。「爾時通法界，他自心平等、平等有五種，五無差別故」。最後，見道菩薩要再修煉二個阿僧祇劫，地地勝進，生命才可以得到完全淨化。「以得初地故，後經無量劫，依淨方圓滿」。

十五 下猗修令進，為進習本定。

當菩薩已得住心，身心獲得下品輕安。為增上輕安進而修習根本定。

世親菩薩說：「問：更修本定爲何功德？答：淨禪爲通故，當成勝軟心。諸菩薩爲起諸神通故，爲欲成就最勝柔軟心故；是故進修本定。」意思是說：菩薩爲了發起眾多神通，以及成就最勝柔軟心，而前往十方淨土去供養諸佛，所以修根本定。所謂根本定，是能生起修行一切功德，以三摩地爲基本的四禪八定。（註釋213）

十六　淨禪為通故，當成勝軟心。

透過長期的修煉，修行人獲得基本定力；為了發起神通，便得先行淨化內心，令心得到最佳能力。

所謂殊勝柔軟心，是指九住心最後階段——三摩地；是一切修位功德的基本。

十七　起通游諸界，歷事諸世尊，

透過成就神通，行者經無量劫穿越無量世界，參禮承侍無量諸佛。

十八　最上軟心得，供養諸佛故。

經過無數劫承侍無量諸佛，便能成就第一殊勝柔軟心。

世親菩薩說：「諸菩薩欲住無量世界，欲經無量數劫，欲歷無量諸佛，欲承事供養及聞正法；爲此事故起神通。」爲甚麼要開發神通來承侍諸佛呢？因爲以供養諸佛爲因，就可成就第一殊勝柔軟心。

質疑：那麼成就第一殊勝柔軟心有何功德？

十九　未入淨心前，五種稱揚得。
　　　器體成淨故，堪進無上乘。

成就殊勝柔軟心可以令修行人在未登地前獲得五種令佛讚賞的功德，令自己身心堪能成爲初地菩薩，從而進入無上乘境。

淨心，指淨心地，即第一極喜地。

世親菩薩說：「此菩薩於淨心地前，先得如來稱揚。此菩薩得如來稱揚已，便成就清淨器體，於無上乘則堪進入。」意思是：修行人透過不斷修持三摩地，由初禪至第

四禪，在第四禪中見道，在這階段獲得五種功德，深受諸佛稱揚。哪五種功德呢？

二十　念念融諸習，身猗及心猗，
　　　圓明與見相，滿淨諸法身。

　　五種功德分別是：所有煩惱習氣剎那剎那間消融，得身輕安及心輕安，了悟一切法空和出生成就法身之因——無分別智。

　　米滂仁波切在《勝乘甘露喜筵》引安慧論師將滅除身心粗重、身體遍布輕安之樂、心周遍輕安之樂，法光不間斷及見到真實相這五種說為五功德。法光的光，指顯現之相狀；法光，指諸法皆空的相狀不斷顯現。世親菩薩提到這五種功德的前三種是奢摩他，後二屬毗鉢舍那。同時這五種功德能成就法身；在十地時滿，在佛地時淨。

己三　由此行道之相

　　接著說見道前加行位的活動狀況。

二十一－二十三　爾時此菩薩，次第得定心；

唯見意言故，不見一切義。

菩薩在加行道最初階段只見外境皆空，而所謂外境，只是投影在識內的名言概念而已。

在資糧道獲得三摩地的菩薩，除了分別念以外，全然不見一切外境離心外實有存在。後世唯識家稱為煖位，觀所取空，而所依定是第四禪的明得定。誠如世親菩薩說：「此見即是菩薩煖位，此位名明。」煖位菩薩完全了解空和掌握成就法身之因的無漏智，所以煖位菩薩於定中確知離心識外不會有任何境相。

二十四　為長法明故，堅固精進起，
　　　　法明增長已，通達唯心住。

為了增長法明，堅穩菩薩精進行持，透過強化這股法明，菩薩安住於唯心的境界中。

世親菩薩說：「此中菩薩為增長法明，故起堅固精進；住是法明通達唯心。此通達即是菩薩頂位。」這時菩薩住於第四禪的明增定，以上品尋思觀所取空，外境唯是內識所變的境界。煖、頂兩位的「尋思」智是觀境空，而

忍位的如實智是觀識空的智慧。

二十五　諸義悉是光，由見唯心故，
　　　　得斷所執亂，是則住於忍。

　　菩薩確實了知一切外境都是心的反映，斷除因執著事
物而起的散亂。

　　世親菩薩說：「此中菩薩若見諸義悉是心光，非心光
外別有異見，爾時得所執亂滅。此見即是菩薩忍位。」
義，指外境；心光，指外境只是內心的投影。意思是說：
我們所見的外境只是內心的投影，不能離開心而有外境，
亦即「全無外境，唯有內識」的意思。而散亂是一種障礙
禪定的大隨煩惱心所，活動性極強；特徵是：於諸所緣
境，令心流蕩，數數更易所緣境，不能集中，亦不受控
制；且為惡慧所依，所以是修止的大忌。而忍位以下品如
實智觀識空，於四禪中印順定斷除散亂，引發無漏智。本
論所說煖、頂、忍三位，於不同程度觀所取空，與《唯識
三十頌》所說不同。（註釋214）

二十六、二十七　所執亂雖斷，尚餘能執故；
　　　　　　　　斷此復速證，無間三摩提。

這時菩薩只剩下因內識的能取分別而引起的散亂仍未斷除，當以無所得而斷除執著能取的散亂，便能速疾地證得連接著見道位無間斷的無間三摩地。

質疑：甚麼是無間呢？

世親菩薩說：「此中菩薩為斷能執亂故，復速證無間三摩提。問有何義故，此三摩提名無間？答：由能執亂滅時，爾時入無間。故受此名；此入無間即是菩薩世間第一法位。」由於煖、頂、忍位都只是斷除對所取境的執著，而能取之內識的執著未斷，所以仍因會「有所得」而生掉舉。（註釋215）當能取的掉舉都斷除，修行人就以「無所得」而直證真如，故世親菩薩說：「隨其次第說煖等諸位已，次說見道起。」

接著說見道及修道二位時活動狀況中如何起心動念。先說見道位。

二十八　遠離彼二執，出世間無上，
　　　　　無分別離垢，此智此時得。

見道時因遠離世第一法的階段而生起無漏智慧，而無漏智是因為證知能取、所取平等無分別故，所以遠離對能取、所取的執著，並因而息滅見道位所應斷除的煩惱。

世親菩薩說：「遠離彼二執者，所執能執不和合故；出世間無上者，得無上乘故；無分別者，即彼二執分別無故；離垢者，見道所斷煩惱滅故。菩薩爾時名遠塵離垢得法眼淨。」法眼淨，即現證真如。由於見道時修行人在無間定中已斷除障礙心平等性的細微掉舉，所以引發勝義菩提心生起，知諸法平等、自他平等、所作平等和佛體平等（註釋216），因而證知一切能所平等無分別，由此而遣除對能所的執著。以斷除分別薩迦耶見、戒禁取見和疑等煩惱；由是入見道位。

二十九　此即是轉依，以得初地故；
　　　　後經無量劫，依淨方圓滿。

登初地後，菩薩的生命起了根本的轉變，但祂仍繼續修煉無數劫，地地勝進，才可以得到完全淨化。

傳統說法，由初地經一大阿僧祇劫至第八地，可以暫伏與末那相應的煩惱；再修一大阿僧祇劫轉依成佛，才可

永斷二障，完全清淨。

三十　爾時通法界，他自心平等。

菩薩見道時證人無我、法無我，從而通達平等法界，由此能觀他身即是自身，得心平等。

世親菩薩說：「問：此時得幾種心平等？答：平等有五種。」

三十一　平等有五種，五無差別故。

見道時證得有五種無差別的心平等——無我平等、有苦平等、所作平等、不求平等和同得平等。

世親菩薩說：「菩薩於初地即得通達平等法界；由此通達故，能觀他身即是自身，亦得心平等。」意思是：修行人見道時完全現量證得在法界中凡聖無別平等，亦獲得一切眾生與自己絲毫無別之心。世親菩薩根據四諦，認為心平等有五種：一、無我平等：包括自他在內的一切眾生沒有絲毫差別，所以平等無我。二、有苦平等：自己不欲受苦，眾生同樣亦不欲受苦。三、所作平等：幫助眾生斷

除業惑之集諦，亦即為自己斷除集諦。四、不求平等：將所有眾生安置於涅槃滅諦，自己才是真的得涅槃。五、同得平等：自己修道得入聖賢階位，所得斷證功德與其他菩薩相同；無有差別。

註釋

213. 根本定：指欲界修行人經修止成功得身輕安、心輕安後，次第修煉奢摩他，進入色界四禪、無色界四禪。當中每一個階段都稱為根本定，而以加行方式進入根本定前的一切禪定，稱為近分定。根本定有八種，近分定亦有八種；其中初禪近分定，因修行人尚未脫離欲界心，故特稱為未至定。未至定全屬欲界定，意思是指修行人所修的奢摩他尚未入流。

214. 後期唯識著作如《三十頌》說，煖、頂都是觀所取空，而忍分三步驟，下忍印所取空，中忍觀能空，上忍印能取空。所取空指境空，能取空指識空。

215. 掉舉與散亂雖同為禪定的障礙，但掉舉能令心專一於所緣境，只是內心對所緣境起多種解釋，而散亂是數數更易所緣境。此外，因掉舉能障「行捨」的心平等、心正直和心無功用性；所以當斷掉舉後；修行人亦因心境相連而雙遣能所二取。

216. 見前〈發心品・頌九〉及論釋。

應用思考問題

1. 修好止觀不單引發般若；對未見道的修行人來說，更重要的是成就神通，引發出能無礙地到十方淨土去供養諸佛的能力。例如初地菩薩就有神力到一百個淨土供養一百位佛。換言之，對大乘加行位菩薩來說，生起無漏分別智、大悲平等心和以神通到十方淨土供養諸佛，三者同列為見道的條件。所以修止成功，得身輕安、心輕安後，入初禪根本定期間，修行人更要勤習和增強三摩地能力，次第勝進至四禪八定的修止階位；除淨化內心，令心柔軟受控後，最重要是發起神通，供養十方諸佛。試就頌十五至十八，說明修根本定的三大目標。

2. 頌十八提到最上軟心，意指能透過淨化內心而令心柔軟受控；這就是三摩地的本質，藉此成就神通供養諸佛，最後入「淨心地」，所謂淨心地就是見道。由成就最上軟心到見道，彌勒菩薩說有五種功德，就算諸佛都會稱讚；依頌十九和二十闡述之。

3. 頌二十一至二十七分別闡述了加行位中煖、頂、忍和世第一法的修行狀況，試總結並略述之。

4. 彌勒菩薩在《分別瑜伽論》將未見道前加行位修行期間，先將境空，中則識空，後則境識俱空的歷程，有一偈云：
    「菩薩於定位，觀境唯是心；義相既滅除，審觀唯自想；如是住內心，知所取非有，次能取亦無，後觸無所得。」

依此頌為綱領，融合頌二十一至二十七內容，詳述菩薩既得三摩地，接著如何在加行位修行直至見道的大概。

5. 《大乘莊嚴經論》與《唯識三十頌》在加行位明得、明增、印順和無間定中斷除對心境的執著次第稍有不同，試分別指出。

6. 世親菩薩在頌二十七指出，修行人在世第一法中獲得無間三摩地能力，能以「無所得」來斷除能取的散亂、掉舉；直接見道。試詳細說明。

7. 散亂和掉舉有何不同？為何要將最細微的掉舉斷除才能見道？

8. 試依頌二十八詳述修行人由世第一法通達見道的過程。

9. 試依頌二十九至三十一說明見道位的大概。

10. 見道時大悲平等心成熟，大悲平等心有五種平等特性，試分別說明。

《大乘莊嚴經論》第40講

　　上兩堂介紹過彌勒菩薩爲欲界修行人，提供了在首個阿僧祇劫，如何從資糧位、加行位到達見道位的方法。在開始階段，修行人先要明白人無我、法無我的道理，以空、無相和無願來應對外界人事問題；並透過實修九住心，擺脫在欲界的散亂和障礙我們的煩惱，尤其是貪、瞋、昏沈、掉舉和疑的習氣。到了九住心尾段，修行人得心輕安和身輕安，便算獲得修行的基本能力——三摩地；這時修行人的生命達致欲界最細心的境界。透過不斷優化三摩地的質素，內心逐漸得以淨化、柔軟受控制和得神通；修行人亦從未至定達致色界四禪，甚至無色界四禪等八個根本定。但彌勒菩薩認爲到了色界第四禪，大乘修行人便有足夠定力在加行位中，透過明得、明增、印順和無間定，以尋思智觀所取空；如實智觀能取空，最後到世第

一法階段雙印二取空，以無間定直入見道位，遣除能、所，激發出無漏智，斷除障礙見道位的煩惱；以大悲平等心的無我平等、有苦平等、所作平等、不求平等和同得平等，通達法界；入菩薩初地。

今堂，彌勒菩薩會先區別登地菩薩於見道時所體證的空性，跟普通未見道時的修行人主要不同之處。真正的空性必須從「三空」來理解，所謂無體空、似體空和自性空。遍計所執根本沒有對應的實體，純粹是分別；這是無體空，例如我見。依他起自性雖依實體，但自身不是實體，例如五蘊雖假，但作用卻是有的。圓成實性本身就是自性空；但於自性空上卻有虛妄分別之用，例如真如為體，有漏、無漏種子活動為用。「無體及似體，自性合三空；於此三空解，此說名解空」。了解空解脫門後，還要以無相三摩地緣圓成實性 —— 空性，盡除一切分別和戲論相；並以無願三摩地認清不清淨遍計所執都是二障所依，因而不起任何貪欲。「應知緣無相，悉盡諸分別；此中無願緣，不真分別盡」。彌勒菩薩又提到見道菩薩有五種功德，例如祂們堅穩地以自他平等這信念來實踐利他事業，又例如祂們堅信救度眾生就是救度自己，眾生苦盡就是自己苦盡。總之，「乃至有虛空，以及眾生住；願吾住世間，盡除眾生苦」！這就是見道菩薩平等地，永不退轉地

利益眾生的功德事業。

　　接著，彌勒菩薩提到，菩薩在修道位，以根本無分別智和地建立智輪番更替淨化內心的二障細微習氣，以一大阿僧祇劫修止到非想非非想處，積集足夠數量質量的福慧種子，便能暫伏第七末那識的我見；到第八地時成就滅盡定，能自由任運出入定境，發揮無窮神變威力，廣利群生。在這種積聚無量功德的修行下，菩薩又再經歷一大阿僧祇劫，至第十地尾段，受諸佛白毫受職灌頂，傳承諸佛紹隆佛種的職份。於最後心入金剛喻定，盡焚一切有漏種子，轉依成佛。

　　總之，彌勒菩薩要求修行人在修空觀時要善解空，切忌以為空就是甚麼都沒有，甚麼都不存在。祂提出以三自性來解釋空性的三個層面：遍計所執是無體空，依他起性是似體空，圓成實性是自性空。以三空來全面修空觀，才能善解佛提出的空性法門。「於此三空解，此說名解空」。接著彌勒菩薩提到修道位菩薩如何接受佛的教授。見道位後由第二地至第十地屬修道位，菩薩勤修無分別智和地建立智；前者以斷成熟佛法，後者將修行地道的體驗教喻眾生。「餘地說修道，二智勤修習，無分別建立，淨法及眾生」。修道位所歷時間較資糧、加行位為長；據云要花兩大阿僧祇劫，但辛勞換來的成果是令人讚嘆的，菩

薩在第十地修行尾段會坐在大蓮花，十方諸佛菩薩齊集，以眉間白毫放光爲法王子受職灌頂，並隨之進入金剛喻定，斷盡二取最細微習氣，轉依成佛；成就三身進入佛地，以大悲心廣利有情，示現種種化身事業。「修位二僧祇，最後得受職，入彼金剛定，破諸分別盡。轉依究竟淨，成就一切種，住此所作事，但爲利群生」。到此，菩薩實修無上菩提法門的前行結束。前行分別以五品敘述，分別是〈明信品〉說發起廣大淨信，〈述求品〉是尋求深廣經論的文詞，〈弘法品〉是求法後爲人傳講，〈隨修品〉說實修法義，〈教授品〉說修行勝進之因是獲得佛的教授隨示。

最後，彌勒菩薩忠告修行人：修行當先成就三摩地；資糧位欲界凡夫務要超越未至定，脫離欲界。高階加行、見道和修道位的修行人得法流三摩地，親身得到諸佛護念教授；獲事半功倍的效果。《大乘莊嚴經論》由第十一〈明信品〉至第十五〈教授品〉經已將菩薩眞實修行經驗前行講述完畢。

今堂彌勒菩薩首先區別未見道與眞見道者，在理解和體證空性時主要不同之處。登地菩薩在見道時，除了以大悲平等心見自他五種無差別的平等性外，以無漏智所見的

空性又如何呢？是否一如凡夫所說的甚麼東西都是空無的呢？彌勒菩薩說諸法皆空，必須透過三空來理解才夠全面。

三十二－三十四　　無體及似體，自性合三空；
　　　　　　　　　　　於此三空解，此說名解空。

菩薩見道時，通達無體空、似體空和自性空合共三種空性。菩薩了知遍計所執的幻相根本沒有對應的實體，純粹是分別，故證無體空；祂了知依他起性雖無遍計之執著，但其虛妄分別的作用卻是有；祂又了知圓成實性以自性空為體；而於自性空上有虛妄分別的用，於虛妄分別之用之中又有自性空的體，二者為體互用。能明瞭這三種空性者，便是真正了解空性。

世親菩薩說：「三空者，一無體空，謂分別性，彼相無體故。二似體空，謂依他性，此相如分別性無體。三自性空，謂真實性，自體空自體故。此偈顯菩薩得空解脫門。」意思是：遍計出現的相狀根本沒有對應的實體；依他起性出現的相狀雖依實體，但自身不是實體；而圓成實性本身就是自性空。菩薩依這空性三摩地，就得證空解脫門。

三十五　應知緣無相，悉盡諸分別；
　　　　此中無願緣，不真分別盡。

以無相三摩地緣此自性空，便能盡除一切分別，一切
有為戲論相均寂靜；以無願三摩地緣此不清淨遍計所執，
了知為煩惱、所知二障所依，不生起任何願欲。

世親菩薩說：「此偈上半顯得無相解脫門，下半顯得
無願解脫門。應知此中菩薩具得三解脫門。」

三十六　此時所得法，一切菩提分。
　　　　應知彼菩薩，同得如見道。

大乘見道菩薩此時亦同樣證得小乘三十七菩提分法。

《寶鬘疏》云：「種種隨順諸佛子之菩提分，由一切
三十七道品中之五力以下者，得增勝世間之道；而八正道
者，生於後得位故；疾速當生而安立謂共同得，實則與七
覺支俱生故。」意思是：大乘菩薩見道時，因體證真如
的平等性，斷證功德亦與其他見道菩薩甚至小乘預流果相
同。例如以根本智見道時，與七覺支俱生，出定後以後得

智修八正道；而四念處、四正斷、四神足、五根和五力亦是菩薩平日修行的方法。

接著，彌勒菩薩以五頌簡述見道的功德。

三十七　覺世唯諸行，無我唯苦著，
　　　　無義自我滅，大義依大我。

見道菩薩覺知現象界根本無我，眾生因妄計實我而造成痛苦。前者因而斷除毫無意義的我見，再依自他平等之偉大信念實踐利益眾生之大業。

三十八　無我復我見，無苦亦極苦；
　　　　益彼不求報，以利自我故。

菩薩雖然沒有個人我見，卻有捨棄自己利益而安置眾生於涅槃界的大我見；雖然不會因執有我而起的痛苦，但卻將眾生的痛苦視為自己的痛苦。還有，菩薩視救度眾生即是救度自己，所以在展開救度時不會期望得到回報。

誠如《能斷金剛般若波羅蜜多經》云：菩薩是覺悟到人無我、法無我的有情；所以他們雖然救度無量無邊的眾

生到涅槃界，但事實上從沒有救度一個實有的眾生。爲什麼？如果菩薩執著眾生有我，自己是能救度的菩薩，祂仍未配稱爲菩薩呢！

世親菩薩解釋「以利自我故」云：「諸菩薩利益眾生時，即是利益自我，是故無外希望。」意思是：菩薩在見道時證得法界五種平等——無我平等、有苦平等、所作平等、不求平等、同得平等。所以眾生苦盡，亦即自己苦盡；救度眾生是理所當然的事，所以從不希望得到任何回報。

三十九　自脫心最上，他縛即堅廣，
**　　　　苦邊不可盡，如是應勤作。**

見道菩薩由於斷除分別薩迦耶見、戒禁取見和疑等煩惱而得到上乘的解脫。另一方面，眾生內心被堅固廣大煩惱纏縛，痛苦就好像虛空般沒有盡頭；所以菩薩會盡力去做好普度眾生的工作。

四十　自苦不息忍，豈忍他諸苦。
**　　　此生及窮生，翻彼謂菩薩。**

眾生連自己的痛苦也不能承擔，何況要他承擔別人一世甚至窮生死際數量多得不可勝數的痛苦；但見道菩薩就能承擔眾生的痛苦。

四十一　於他行等愛，利彼不退轉；
**　　　　希有非希有，他利自利故。**

菩薩平等地愛護一切眾生，而利他之心永不退轉。這種永不退轉的堅毅精神真是稀有；這點並不難理解，因為菩薩明白到眾生得益即是自己得益。

彌勒菩薩繼續以五頌說明修道位，即餘九地菩薩，如何接受佛教授的情況。

四十二、四十三　餘地說修道，二智勤修習，
**　　　　　　　　無分別建立，淨法及眾生。**

見道後由第二地至第十地屬修道位。菩薩勤修無分別智和地建立智，前者以斷障成熟佛法，後者將修行地道的體驗教喻眾生。

這一頌與前〈隨修品〉頌五、六內容大致相同。（註

釋217）世親菩薩說：「二智者；一無分別智，二如所建立智。無分別智謂出世智，如所建立智謂後得世智。」這裡所說的如所建立智，即前〈隨修品〉頌六論釋所說的地建立智。又云：「問此二智有何功能？此中無分別智成熟佛法，是其功能。如所建立智成熟眾生是其功能。」意思是：菩薩在修道位，於定中以根本無分別智斷除煩惱習氣，成就自利；出定後，以後得智陳述修行道次第經驗，成就利他。

上述幾頌已說明了修行本質其中的平等無分別智，接續說不捨眾生之大悲。

四十四、四十五　修位二僧祇，最後得受職，
　　　　　　　　入彼金剛定，破諸分別盡。

修道位菩薩修行經歷兩大阿僧祇劫，到第十地得十方諸佛白毫放光灌頂，成為法王子，並進入金剛喻定，斷盡二取顯現的最細微習氣。

二僧祇，指修道位菩薩從第二地至第七地之間要修一大阿僧祇劫，第八地至第十地要再修一大阿僧祇劫，共歷二大阿僧祇劫才能到究竟位。前者稱有勤修道，後者稱無

勤修道。菩薩修行到第十地尾段時，坐大蓮華，十方諸佛以白毫灌頂，確認祂能繼承佛業，紹隆佛種；這灌頂稱爲受職灌頂，成爲後補佛。此外，由於法王子斷盡二取顯現的細微習氣，所以能入執相分別念不能摧毀的金剛喻定。

四十六　轉依究竟淨，成就一切種，
　　　　　住此所作事，但爲利群生。

這時菩薩永斷障垢，轉依成佛；除了能成就一切種智，以大悲心廣利眾生外，還能示現種種化身事業。

世親菩薩說：「住此所作事者，謂住此位中乃至窮眾生生死際，示現成道及現涅槃故。」意思是說：佛在無學位中，於輪迴界未盡期間能以化身度化凡夫，當某處眾生一旦具備福緣，便在該處示現降生、成道、說法和涅槃四種度生事業。

己四 宣說教授與隨示的殊勝功德

四十七　牟尼尊難見，常見得大義，
　　　　　以聞無等法，淨信資養心。

證得法流三摩地者，恆時蒙受極難見到的能仁面對面教授；因為時常聽聞無上正法，故常起清淨信心而滋養心地。

法流三摩地，指見道菩薩能面對面親見報身佛，並蒙報身佛親說佛經（註釋218）。

四十八　若於教授中，法門如欲住；
**　　　　如人拔險難，佛勸亦如是。**

如果菩薩想安住於如來法門，但不慎誤墮於小乘自利寂滅深坑，佛就強制地安置這位菩薩於大乘佛果處。就好像有人墮在深坑，有力者捉著墮坑人的頭髮，將他拋出險地一樣。

四十九　世間極淨眼，勝覺無分別；
**　　　　譬如大日出，除幽朗世間。**

菩薩成佛時，就好像慧日破闇一樣，以無分別勝覺力量斷除無明的幽暗，永斷世間的繫縛。

世親菩薩解釋何謂「無分別勝覺」時說：「若諸菩薩

成佛時，永退一切世間法故；明得最極清淨，爾時名得無分別勝覺。」

接著，彌勒菩薩以兩頌總結〈教授品〉。

五十　佛子善集滿，成就極廣定。

諸佛除了糾正佛子們錯誤行持外，還賜予他們殊勝廣大的教授。而菩薩透過積集福慧資糧，具足深廣的勝觀和等持。

五十一　恆受尊教授，能窮功德海。

由於菩薩得到諸佛深廣勝觀等持的教授，在具足福慧資糧後，便能趣入佛地——這個無量功德海。

接著，米滂仁波切總結明信、述求、弘法、隨修和教授這五品的大意說：「這五品是隨順菩提分的本體。首先發起廣大淨信（明信），尋求深廣經論的文詞和內容（述求），求法後為人傳講（弘法），實修法義（隨修），修行勝進之因是獲得教授隨示（教授）。這五品成為後幾品如業伴、度攝、供養、梵住及覺分品的總綱。」

註釋

217. 如〈隨修品〉：「隨次修餘地，為斷智障故；應知諸地中，無分別、建立，次第無間。」大意是説：修道位菩薩為了將煩惱習氣斷除怠盡，在餘九地中輪番更替，以無分別的根本智在定中斷除煩惱，出定後隨即以地建立智，即後得智，將每地斷障經驗，再以無漏分別智曉喻眾生。

218. 見〈教授品·頌三〉：「自後蒙諸佛，法流而教授。」

應用思考問題

1. 彌勒菩薩以三自性解釋空性，用以糾正當時頑空者不善解空性的說法。試以頌三十二至三十四說明。

2. 三解脫門包括空、無相和無願。除善解空性外，修行人還要以無相三摩地緣圓成實性，以無願三摩地緣遍計所執性；方能盡得三解脫門的利益。試依頌三十五說明。

3. 在見道時，所有修行人無論修習大乘抑或是小乘，都因無漏無分別智生起而同得見道之功德；例如〈隨修品·頌四〉云：「成就彼智時，出世間無上，凡住初地者，所得皆同得。」試依頌三十六說明。

4. 見道菩薩有五種功德，試以頌三十七至四十一說明。

5. 修道菩薩主要靠無分別智和地建立智輪番更替，在十地中地地增勝，斷除每地的特有煩惱，成就解脫。試依頌四十二、四十三與及前文〈隨修品·頌五、六〉說明。

6. 十地修行所需時間極長，總共要花兩大阿僧祇劫；試依頌四十五說明。

7. 菩薩轉依成佛時有三種功德，試依頌四十六說明。

8. 何謂法流三摩地？有何功德？試依頌四十七及論釋說明。

9. 頌四十七至四十九介紹了菩薩修行能地地勝進之因，這全因得到佛的教授的緣故；試依這三頌說明教授的功德。

10. 明信、述求、弘法、隨修和教授這五品是隨菩提分的前行；更是後部份業伴、度攝、供養、梵住及覺分品的總

綱。試引米滂仁波切所言以對。

國家圖書館出版品預行編目資料

無上菩提前行道：《大乘莊嚴經論》解說. 中 / 金剛上師 卓格多

傑傳講. -- 初版. -- 新北市：華夏出版有限公司, 2022.06

　　面；　　公分. - -（Sunny文庫；229）

ISBN 978-626-7134-08-5（平裝）

1. CST: 瑜伽部

222.13　　　　　　　　　　　　　　　　　　　　111003538

Sunny 文庫　229

無上菩提前行道：《大乘莊嚴經論》解說（中冊）

傳　　講　金剛上師 卓格多傑
印　　刷　百通科技股份有限公司
　　　　　電話：02-86926066　傳眞：02-86926016
出　　版　華夏出版有限公司
　　　　　220 新北市板橋區縣民大道 3 段 93 巷 30 弄 25 號 1 樓
　　　　　電話：02-32343788　傳眞：02-22234544
E - m a i l　pftwsdom@ms7.hinet.net
總 經 銷　貿騰發賣股份有限公司
　　　　　新北市 235 中和區立德街 136 號 6 樓
　　　　　電話：02-82275988　傳眞：02-82275989
　　　　　網址：www.namode.com
版　　次　2022年6月初版一刷
特　　價　新台幣 450 元　　（缺頁或破損的書，請寄回更換）

ISBN-13：978-626-7134-08-5